# 정당 없는 민주주의는 없다

본 저서는 우원장학문화재단의 2024년도 학술연구비 지원을 받았음.

한국 정치, 현실을 넘어 미래로

# 정당 없는 민주주의는 없다

곽진영 | 전진영 | 김진주 | 정회옥 | 조원빈 | 고선규 지음

21세기북스

# 한국 정당의 진화를 기대하며

한국 국민은 정당을 신뢰하지 않는다. 그래서인지 정당의 문제를 진단하고 해법을 찾으려는 학계의 노력도 끊이지 않고 있다. 정당은 시민의 요구를 집약하여 실효성 있는 정책으로 만드는 국민 요구의 창구 역할을 한다. 또 국가 정책을 결정할 중요한 선출직 공직자를 선발하는 선거 과정에서 좋은 후보자를 추천할 책무를 지닌다. 그러나 우리 국민은 선거를 전후해서 반복적으로 전개되는 정당의 이합집산과 정책 없는 네거티브 정쟁, 그리고 자질 없는 후보자 공천으로 정당에 대한 실망감을 저버리지 못하고 있다.

최근에는 두 개의 거대 정당을 중심으로 전개된 당파적 양극화가 심화되면서 국민은 갈등을 해결하는 정당이 아닌 갈등을 양산하는 정당을 목도하고 있다. 여기에 한 개인을 중심으로 충성 경쟁이 이루어지는 사당화된 정당과 선거 제도의 약점을 이용한 '위성정당', 팬덤 정치의 산물인 '사당'이 등장하고 있다.

저명 정치학자인 샷슈나이더는 "정당 없는 민주주의는 생각할 수 없다"는 명언을 남겼다. 정당은 대의민주주의 운영에서 빠질 수 없는 중요한 문지기 역할을 한다. 따라서 정당의 발전은 민주주의가 제 기능을 하는 데 가장 중요한 기반이다. 사실 한국 민주주의는 공고화를 넘어 심화의 단계에 접어들었다는 평가를 받을 만큼 제도적인 성장을 했다. 그러나 민주주의 운영의 기초 자산이라 할 수 있는 정당 정치의 진화는 지체 상태다. 정당의 진화와 제도화가 없이는 한국 민주주의의 질적 성장을 기대하기 어렵다. 이 책의 제목이 『정당 없는 민주주의는 없다』인 이유다.

이 책은 이런 문제의식으로부터 시작되었다. 이와 유사한 많은 연구와 책이 출간되어 있는 것이 사실이다. 그러나 이 책은 기존 연구나 저술과는 몇 가지 점에서 다르다.

먼저, 이 책의 저자들은 한국적 현상으로서의 정당 정치는 민주주의 발전 과정의 특수성을 고려하고, 정치 문화적 요인을 반영한 고유한 사례로 접근할 필요가 있다는 데 공감한다. 따라서 한국 정당 정치의 생태를 비판하는 것은 지양하고, 구체적인 자료를 통해 한국 정당 정치의 현실을 냉정하게 보여주면서, 그 동학의 원인을 제도적인 부분에서 설명하고 있다. 정당 정치에서 보이는 사사로운 언쟁이나, 특정 인물을 둘러싼 정쟁에 매몰되어 있는 독자들에게 보다 객관적이고 분석적인 설명을 통해 정당 정치를 바라보는 객관적인 시각을 제공하기 위함이다.

이 책은 그간 한국 정당에 관한 저술이 현실적인 문제점을 지적하면서 "~해야 한다"는 당위론적 제안에 집중해온 것을 넘어서, '현실을 넘어 미래로 가는 한국 정당'에 대한 기대를 담고자 했다. 제1부는 현시점에서 바라보는 한국 정당의 모습을 담아냈으며, 제2부에서는 보다 폭넓은 시각에서 소수자, 글로벌 협력, 그리고 AI 시대라는 새로운 사회의 키워드를 중심으로 정당을 바라보았다. 국내 정당 정치 현실에서 보이는 협소한 당파적 양극화와 정쟁의 장을 넘어 소수자가 다양화되는 미래 사회를 대비한 정당, 국가를 넘어선 정당의 국제 협력 활동의 의미, 그리고 인공지능을 활용하는 정당 정치의 문제를 면밀히 소개하고 있다.

마지막으로 이 책은 수준 높은 경험적 연구 분석에 기초한 연구 논문집이 아니다. 이 책은 정당에 비판적이더라도 여전히 정당에 대한 관심을 가지고 있는 일반 독자에게 정당 정치를 쉽게 설명하고자 만들어졌다. 따라서 정당의 현실을 다룬 제1부에서는 한국 정당이 직면한 문제를 지적하고 저자들의 토론에 기초한 알기 쉬운 몇 가지 제도적 제안을 담았으며, 제2부에서는 미래 정당의 세 가지 새로운 측면에서 구체적으로 무엇이 우리 유권자에게 유리할 수 있는지를 제시하고자 했다.

이 책은 정치학 비전공자를 대상으로 하였으므로 학술 용어를 지양하고 이해하기 쉬운 용어와 도표, 그림을 활용했다. 또 가독성을 높이기 위해 주석을 최소화하고 비전공자가 이해할 수 있는 설명과 제안을 담고자 했음을 밝힌다.

우리 유권자들의 정치적 관심은 크게 증가하였다. 다른 한편, 이들은 무분별한 편향적 방송과 자극적 정보, 정치권의 의도적인 양극화 전략에 노출되어 있다. 이 책은 오랜 기간 정당을 연구해온 전문가들이 이러한 위기 상황에 놓여 있는 유권자에게 정당 정치에 대한 명확한 정보와 지식을 공급하여 잘못된 현실 이해를 교정하고 균형감 있는 의견을 정립하는 데 도움을 주고자 계획되었다.

더 많은 주제를 담을 수도 있었지만, 보다 쉽고 간결한 지침서의 시작이라는 점에서 많은 고민 끝에 5개의 주제로 축약하여 구성하였다.

저술 과정에서 도움을 준 조창주 국장님, 김근효 박사님, 구하은 팀장님, 경제사회연구원과 우원장학문화재단의 지원과 21세기북스에 감사드린다. 무엇보다, 이 책의 시작을 열어주시고 구성에서 큰 가르침을 주신 장훈 교수님께 저자 모두의 깊은 존경과 감사의 마음을 전한다.

이 책을 시작으로 정당 정치에 대한 새로운 시각의 후속 교양서가 많이 발간되기를 희망한다.

2024년 8월

저자 일동

## 차례

## 제2장 국회 밖의 정당 • 김진주, 곽진영

# 제2부 미래 정당의 주제

# 제1부

# 현실의 한국 정당

제1부

# 머리글

곽진영
건국대학교 정치외교학과 교수

제1부는 한국 정당 정치의 핵심 주제를 중심으로 현실 분석을 담은 설명과 제도 개혁 제안으로 구성되었다.

우리는 뉴스를 통해서 당 대표와 원내대표라는 용어를 자주 접한다. 그러나 왜 정당 대표가 두 명이며, 이렇게 구성된 근거가 무엇인지 잘 알지 못하는 경우가 많다. 정당은 시민사회와 닿아 있는 부분과 국회, 행정부 등 국가와 연결되는 부분에서 유사하면서도 다른 기능을 수행한다. 정당이 시민의 요구를 흡수하고, 지지를 호소하며, 때로 유권자를 교육하고, 시위에 참여하는 일 등은 정당과 시민사회의 관계에서 이루어지는 활동이다. 한편, 정당의 선출직 공직자인 의원을 중심으로 국회 안에서 정책을 제안하고 법안을 심의·의결하며, 정부를 지원 혹은 견제하는 일은 국가와 정당의 관계 속에서 이루어지는 활동이다.

정당은 이렇게 정당-시민사회의 관계와 정당-국가의 관계라는 두 개의 범주에서 활동하며 그 기능을 수행한다. 이때 정당-시민사회의 관계에서 이루어지는 활동과 관련 조직은 국회 밖의 영역이라는 점에서 원외 정당이라고 불리며, 정당-국가의 관계에서 이루어지는 활동과 조직은 국회 안에서 이루어진다는 점에서 원내정당으로 불린다. 여기에서 원외 정당의 수장은 당 대표, 원내정당의 수장은 원내대표인 것이다.

우리 정당은 당 총재로 불리는 대표가 사실상 정당의 수장으로서 양쪽 영역을 포괄하는 막강한 영향력을 행사했었다. 민주화 이후 정당의 당내 민주주의를 확립하는 과정에서 당 총재의 과다한 영향력에 대해 많은 비판이 제기되었으며, 이러한 난점을 해소하기 위해서 2004년에 원내정당의 대표인 원내대표와 원외 정당의 대표인 당 대표로 권력을 이원화하는 정당 개혁이 이루어졌다. '제1부 현실의 한국 정당'에서는 일반 독자들의 수월한 이해를 돕기 위해 원내정당을 '국회 속의 정당', 원외 정당을 '국회 밖의 정당'으로 표현하여 두 개의 장으로 구성하였다.

'제1장 국회 속의 정당'은 한국 원내정당 운영의 핵심 부분인 교섭단체 제도에 대한 설명으로 시작한다. 먼저, 저자는 다른 나라에 비해서 높은 교섭단체 구성 요건으로 인해서 민주화 이후 2개의 교섭단체가 구성된 적이 가장 많았음을 설명하고 있다. 대표성과 민주성 측면에서 교섭단체 구성 요건 완화를 검토할 필요가 있지만, 경험적으로 교섭단체 수가 3개 이상이었던 국회가 2개였던 국회보다 원내 협상이나 의사 운영이 더 원활했다고 보기 어렵다는 점에서 신중한 고려를 당부한다.

아울러 대통령과 국회의원 임기가 불일치하여 선거 주기가 짧고, 선거 중심 정당의 특성이 강한 우리 정당의 특징으로 인해 정당 체계의 안정성이 저해되고 있음을 설명하면서, 4년 대통령 중임제 개헌을 통해서 대선과 총선의 주기를 일치시킴으로써, 여소야대건 여대야소건 총선 결과로 형성된 국회 속의 정당 체계가 안정적으로 운영될 수 있도록 할 필요가 있음을 지적한다.

이어서 쟁점 법안에서 당론이 지배하는 원내 표결과 야당의 대통령 인사권 견제에서 뚜렷이 나타나는 바와 같이, 한국 정당은 강한 정당 기율을 지니며, 의원 자율성은 약하다는 점을 지적한다. 실제로 여소야대 국면에서 여당은 쟁점 법안에 대한 표결을 보이콧하고 과반 의석을 가진 야당 단독으로 처리하는 '표결 보이콧'이 일상화되고 있다. 또한, 정당 양극화에 따라 대통령이 지명한 고위공직자에 대한 임명 동의를 반대하는 비율도 급증하였다. 저자는 집권여당에 대한 대통령의 과도한 영향력을 통제함으로써 정당 정치와 의회 정치의 자율성을 회복해야만 정당 정치의 발전이 가능하다고 지적하면서, 이는 궁극적으로는 정당의 후보자 공천 제도 개혁의 문제로 귀결된다고 설명한다.

'제2장 국회 밖의 정당'은 원외 조직의 현실적인 한계와 문제를 지적하고 있다. 우선 구조적인 측면에서 실제 활동하는 당원의 수가 명확하지 않고, 하부 조직의 물질적 한계로 인해 중앙집권적 정당 운영이 더욱 공고화되고 있다. 이에 저자들은 지구당과 같은 지역 단위 조직의 부활과 이러한 조직에서 실질적인 당원 관리 및 시민과 당원을 대상으로 하는 교육이 시행되어야 한다고 주장한다. 아울러 현실에서 당 대표는 당내 강한 권한을 가지고 있음에도 임기를 채우지 못하고 비상대책위원회로 빈번하게 전환되고 있으며, 외부 인사를 중심으로 비상대책위원장이 영입되는 등 본래의 역할을 충분히 수행하기 어려운 상황임을 지적한다. 따라서 현재와 같은 당 대표가 없는 집단 지도 체계로의 전환, 선거 시 선거총괄위원장(가칭)의 병립 등 현행 당 대표 중심의 운영 체계를 분권화하는 개혁 방안을 제시한다.

정당의 후보자 공천 과정에 대해서는, 규정에 명시된 조직이 실제로는 운영되지 않거나, 평가 항목이 추상적이고, 규정이 지도부에 따라 변화하며, 컷오프나 전략 공천의 기준이 제시되지 않으면서 예비 후보자와 일반 당원의 반발이 빈번히 발생하는 문제를 지적한다. 이에 명확한 공천 기준의 제도화, 투명성 강화를 위한 공천 결과 점수 공개 및 공천위원회 심사 과정 생중계 등 신뢰성 제고 방안이 시급히 필요하다고 설명하고 있다.

마지막으로 거대 정당 중심의 정당보조금 배분, 선거가 있는 해에 발생하는 국고보조금 과지급, 그리고 정당의 수입·지출 내역을 명확하게 알 수 없는 감사 제도의 취약성 등에 대한 문제를 제기하고, 선거 시기의 국고보조금 지원 범위 재정립, 정당 간 재정적 편중성 해소를 위한 득표율 중심으로의 배분 방식 전환, 그리고 정당의 국고보조금 활용에 대한 엄정한 감사 체계 마련 및 국고보조금 반환 제도 신설 등 제도 전반에 대한 면밀한 검토를 제안하고 있다.

제1부는 국회 밖의 정당에서 목도되는 당 대표 중심의 권력 집중을

혁신적으로 분권화하면서, 국회 속의 정당이 정책 기능을 제대로 수행하기 위해서 의원의 자율성을 강화한다는 개혁의 방향을 제시하고 있다. 정당의 정책 기능이 취약한 현실을 넘어서 민생에 집중하는 정당으로 가는 미래 한국 정당의 모습을 제안하고 있는 것이다.

제1장

# 국회 속의 정당

전진영
국회입법조사처

정당은 '국민의 지배'라는 민주주의의 가치를 정치 과정에서 실현하는 데 중요한 역할을 담당한다. 정당은 시민사회의 다양한 요구와 이익을 수렴하여 선거공약의 형태로 정책 대안을 제시하고, 선거에서 승리한 정당은 선거공약을 이행하기 위해서 위임받은 권력을 행사한다. 또한, 정당은 시민사회와 국가를 연계하는 교량 역할을 한다. 이런 점에서 그 유명한 "민주주의를 만든 것은 정당이며, 정당 없는 민주주의는 생각할 수 없다"는 샷슈나이더(E. E. Schattschneider)의 명제를 이해할 수 있다.

그동안 우리나라의 정당은 정당의 다양한 기능 중에서 선거에서 후보자를 공천하고 정권 획득을 추구하는 '선거 정당'으로서의 목적에만 충실하다는 비판을 받아왔다. 시민사회와 의회의 연계, 유권자의 정치

사회화와 정치 참여 촉진, 사회 통합과 민주주의 발전 등에서 정당에게 기대되는 역할은 제대로 수행되지 못했다는 것이다. 이와 같은 정당에 대한 비판은 '국회 속의 정당'들의 활동과 성과에 대한 실망에서 비롯된 측면이 강하다. 국회야말로 정당이 가장 중심적인 활동 단위이며, 정당의 활동 양태가 드러나는 핵심적인 장(場)이기 때문이다.

제22대 총선을 거치면서 '선거 정당'으로서 우리나라 정당의 면모가 다시 한번 확인되었다. 준연동형 비례제의 근원적 허점인 비례 의석 확보를 위한 위성정당 창당은 제21대 총선에 이어서 제22대 총선에서도 반복되었다. 정당 공천에서 탈락한 현역 의원의 탈당과 신당 창당 등의 행태는 전직 당 대표나 현직 국회부의장 등 정당 지도부 출신들도 예외가 아니었다. 지역구 후보를 공천하지 않고 비례대표 후보만 공천한 신생 정당인 조국혁신당은 준연동형 비례제에 힘입어 제3당으로 원내 진입에 성공하였다.

제22대 국회는 민주화 이후 집권여당인 국민의힘의 의석 점유율(36%)이 가장 낮은 여소야대 국면에서 개원하였다. 개원식에서부터 국민의힘이 불참함으로써 우리나라 정당 정치의 특징 중 하나인 '보이콧의 정치'가 되풀이되고 있다. 한국의 민주주의 수준은 '퇴행 가능성이 없는 안정적인 단계'로 평가받고 있음에도 불구하고, 정당 정치에 대한 평가가 긍정적이지 못한 배경에 바로 이런 원내정당의 행태가 자리 잡고 있다. 이 글에서는 '국회 속의 정당'에 분석의 초점을 맞춰서 정당 정치의 특징과 문제점을 살펴보고자 한다.

현대 사회에서 민주주의의 성공은 정당 정치의 성공을 필요로 한다. 정당이 정치 과정에서 제 기능을 못 한다면 대의민주주의 발전은 요원하다. 왜냐하면, 공식적인 대의 기구인 국회에서 모든 의정 활동의 기본 단위가 정당이기 때문이다. 이런 점에서 '국회 밖의 정당'뿐만 아니라 '국회 안의 정당'이 어떻게 작동하고 있는지를 분석하고 반성하는 것은 매우 중요하다고 할 수 있다. 원내정당 간의 양극화가 갈수록 심화되면서 국회가 사회 통합의 기능을 제대로 못 하고 있는 정치 현실에서는 더욱더 그렇다.

## 1. 국회 속의 정당 단위, 교섭단체

### (1) 교섭단체는 어떻게 구성되나

모든 나라의 의회 운영에서 기본 단위는 정당이다. 미국이나 영국처럼 소선거구제의 영향으로 양당제의 전통이 강한 나라의 경우 의회는 양당을 기본 축으로 의회가 운영된다. 반면에 정당명부식 비례제 등 비례성 높은 선거 제도의 시행 결과 원내 의석을 확보한 정당이 3개 이상인 다당제 국가에서는 효율적인 의사 운영을 위해서 '교섭단체' 제도를 채택하고 있다. 프랑스와 독일의 경우가 대표적이다. '국회 속의 정당'을 이해하기 위해서 교섭단체 제도에 대한 이해가 필수적이다.

교섭단체는 국회의 입법과 의정 활동에서 공식적인 정치 집단이자, 국회 운영에서 토론과 협상의 기본 단위이다. 우리나라 국회에서 교섭단체를 구성하기 위해서는 20명 이상의 의원이 필요하다. 하나의 정당이 두 개의 교섭단체를 구성할 수는 없지만, 교섭단체를 구성하지 못한 서로 다른 정당이 하나의 교섭단체를 구성할 수는 있다.[1] 따라서 동일

정당 소속 의원이 정책 입장 차이 등으로 인해 별도의 단위로 활동하기를 원한다면 탈당해서 별도의 교섭단체를 구성해야 한다.

교섭단체 제도는 제헌국회부터 운영되었을 정도로 오랜 전통을 갖고 있지만, 구성 요건이 항상 20인이었던 것은 아니다. 제6대 국회부터 제8대 국회(1963~1972년)까지 교섭단체 구성 요건은 국회의원 10인이었다. 다만 당시엔 현재보다 의원 정수가 훨씬 적었으므로 교섭단체 구성 요건이 현재의 절반이라고 해서 의원 정수 대비 비율까지 절반인 것은 아니다. 즉, 현재 교섭단체 구성 요건은 전체 의석수의 6.7%(300석 중 20석)이지만, 제6대~제7대 국회에서는 5.7%(175석 중 10석), 제8대 국회에서는 4.9%(204석 중 10석)였다.

교섭단체의 가장 중요한 기능은 효율적인 의사 운영이다. 이는 제헌의회에서 처음으로 교섭단체 제도를 도입할 때부터 논의된 주요 명분이었다. 다양한 사회 집단을 대표하는 국회의원이 최종적인 의사결정에 도달하기 위해서는 타협과 협상 등의 교섭이 필수적이다. 협상 테이블에 수백 명의 의원이 개별적으로 참여하기보다는 정치 이념이나 가치관이 동질적인 정치 집단이 단체교섭회(제헌국회에서 교섭단체를 지칭했던 명칭)를 구성하여 협상 단위로 참여한다면, 보다 효율적인 의사결정이 가능하다는 점을 제헌국회 의원들도 인식하고 있었다.[2] 즉 교섭단체는 원내에서 이루어지는 집합적 의사결정에서 협상 참여자의 수를 줄임으로써 원내정당 간의 협상 비용(거래 비용)을 감소시키는 역할을 하는 것이다.

교섭단체는 원내 협상의 파트너로 인정받을 뿐만 아니라, 국고보조금 배분이나 사무실 공간 배정 등 정치적 자원 배분의 측면에서도 유리하다. 정치자금법상 국고보조금은 교섭단체를 구성한 정당에 50%를 우선 배정한다. 그리고 교섭단체에는 국회 소속 공무원인 정책연구위원이 배정되며 별도의 사무실도 지원된다. 이에 대하여 제17대 국회(2004년)에서 민주노동당은 교섭단체에 대해서만 정책연구위원을 지원하는 제도가 교섭단체를 구성하지 못한 정당의 평등권을 침해한다고 위헌심판을 청구하였으나, 헌법재판소는 2008년에 이를 기각한 바 있다(2004헌마654).

이처럼 교섭단체 구성 여부에 따라 원내정당이 누리는 혜택의 차이가 크다 보니, 교섭단체 구성 요건을 낮춤으로써 원내정당의 대표성을 높여야 한다는 주장이 제기되어왔다. 예컨대 교섭단체 구성 요건을 5석 또는 10석으로 낮추거나, 모든 상임위원회에 간사를 선임할 수 있도록 상임위원회 수를 구성 요건으로 하자는 제안이 대표적이다. 소수정당 주도로 이와 같은 내용의 국회법 개정안이 꾸준히 발의되었지만, 교섭단체 구성 요건 20석은 그대로 유지되고 있다.

그렇다면 다른 나라의 의회들도 효율적인 의사 운영을 위해서 교섭단체 제도를 운영하는 것이 보편적일까? 미국 연방의회의 경우 오랫동안 민주당과 공화당의 양당 체제를 유지해왔기 때문에 별도의 교섭단체 제도를 운영하고 있지는 않으며, 다수당과 소수당이 의회 운영에서 기본 단위로 기능한다. 영국 의회의 경우에도 교섭단체 제도를 별도로 운영하고 있지는 않지만, 의원내각제의 특성에 따라서 집권여당과 야당을 단위로 의사일정이나 발언 시간 배분 등의 의사 운영이 이루어진다. 예컨대 영국 하원은 매회기 야당이 제기하는 의제를 다루는 의사일정을 위해서 20일을 배정해야 하는데, 이 중 17일은 제1야당 대표가 정하고, 3일은 제2야당 대표가 정하도록 하고 있다.

우리나라처럼 교섭단체가 의사 운영에서 핵심적인 역할을 하는 사례는 독일 연방하원이 대표적이다. 독일 의회에서 원내교섭단체는 의장단과 함께 중진협의회(Council of Elders)를 구성하는데, 여기에서 의사일정 및 의회 운영에 관한 주요 사항을 결정한다.[3] 교섭단체 구성 요건은 연방의회 의석의 5%이다. 초과 의석과 연동 의석을 인정하는 독일 선거 제도의 특성상 의원 정수는 유동적인데, 2021년 총선에서 역사상 가장 많은 736석까지 늘어났다. 이에 따라 제20대 연방의회(2021~2025년)에서 교섭단체 구성 요건은 37석이었는데, 이 요건을 충족시킨 정당은 총 5개였다.[4] 교섭단체 의석 비율에 따라 상임위원장 배분과 위원 배분이 이루어지고, 중진협의회 참석 의원 수도 결정된다.

프랑스 하원의 교섭단체 구성 요건은 20석을 유지하다가, 2008년 개헌 이후 하원 의사 규칙 개정을 통해서 15석으로 감소하였다. 의원 정수가 577석임을 감안하면 교섭단체 구성 요건은 2.6%로 상대적으로 매우 낮은 편이다. 프랑스 의회에서도 교섭단체 의석 비율에 따라서 상임위원장 배분 및 위원 배정이 이루어지며, 교섭단체 대표는 의사 운영과 관련된 주요 사항을 결정하는 원내 기구인 의사협의회(Conférences des présidents)의 당연직 위원이다. 교섭단체와 정당이 항상 일치하지는 않기 때문에 교섭단체 대표의원은 소속 의원의 정치적 일치성이 유지되도록 구심적 역할을 하는 것이 중요하다.

일본 국회는 회파(會派)라고 불리는 교섭단체 제도를 운영하고 있는데, 2인 이상의 의원만 있으면 구성할 수 있다. 회파에 관한 규정은 일본 국회법이나 중의원·참의원 규칙에는 없지만, 양원의 선례집에서 그

**[표 1] 교섭단체 구성요건**

| 국가 | 교섭단체 구성요건 | 교섭단체 구성 정당 수<br>(가장 최근 총선 기준) | 비교섭단체<br>의원 비율 |
|---|---|---|---|
| 한국 | 의원 20인(6.7%) | 2개 | 1.7% |
| 독일 | 의원 정수의 5% | 5개 | 6% |
| 프랑스 | 의원 15인(2.6%) | 10개 | 0.1% |

근거를 찾을 수 있다.[5] 다른 나라의 교섭단체 제도와 마찬가지로 위원회 위원 배정은 회파의 의석 비율에 따라 이루어진다.

[표 1]은 교섭단체 제도를 운영하고 있는 독일과 프랑스의 교섭단체 운영 현황을 보여준다. 독일의 경우 2021년 총선 결과 총 5개의 교섭단체가 구성되었으며, 무소속 의원 비율은 6%이다. 반면 교섭단체 구성 요건이 2.6%에 불과한 프랑스의 경우 2022년 총선 결과 총 10개의 교섭단체가 구성되었다.[6] 577명의 의원 중에서 무소속 의원은 6명(0.1%)에 불과하다. 교섭단체 구성 요건이 세 나라 중에서 가장 높은 우리나라의 경우 교섭단체를 구성하고 있는 정당 수는 2개에 불과하고, 무소속 의원 비율은 1.7%이다.

한국과 프랑스는 교섭단체 구성 요건을 일정한 의원 수로 정하고 있지만, 독일은 의원 정수 대비 비율로 정하고 있다는 점에서 차이가 있다. 독일의 중진협의회와 프랑스의 의사협의회는 모두 의장단과 교섭단체를 중심으로 구성되어 의사 운영의 기본적인 사항을 결정한다는 공통점을 갖는다. 우리나라 국회의 경우 의사 협의 기구가 별도로 있는 것은 아니지만 '교섭단체 대표 간 협의'를 통해서 의사 운영의 기본적 사항이 결정된다는 점에서 교섭단체 기능의 공통점을 찾을 수 있다.

### (2) 민주화 이후 교섭단체 구성의 특징은 무엇인가

우리나라 정당 정치의 문제점으로 비판받아오는 특징 중 하나는 정당의 이합집산이 잦고, 정당 체계의 안정성이 낮다는 점이다. [표 2]에는 제13대 국회 이후 제21대 국회까지 교섭단체를 구성한 정당명이 나타나 있는데, 개원 시점과 폐원 시점에 교섭단체 구성 정당명이 동일한 국회는 제16대 국회가 유일하다. 그마저도 폐원 시점에는 새천년민주당이 새천년민주당과 열린우리당으로 분당되어 교섭단체가 2개에서 3개로 증가하였다. 제21대 국회 제1당인 더불어민주당은 2015년, 국민의힘은 2020년에 창당되어서 양당의 나이는 채 열 살도 되지 않는다. 미국의 민주당은 1828년, 공화당은 1854년 이후로 동일한 당명을 유지하고 있으며, 영국의 노동당은 1900년 이후로 동일 당명을 유지하고 있다는 점과 비교하면 매우 대조적이다.

[표 2]에 따르면 제13대 국회 이후로 총 9차례의 총선 결과 분당이나 합당 등 인위적인 정계 개편을 통해서가 아니라 오로지 선거 결과로 4개의 교섭단체가 구성되었던 적은 제13대 국회밖에 없다.[7] 제14대·제15대·제20대 총선 결과 3개의 교섭단체가 구성되었고, 나머지 5차례의 총선에서는 2개의 교섭단체가 구성되었다. 특히 2000년(제16대 국회) 이후로는 제20대 총선을 제외한 5차례의 총선에서 2개의 교섭단체만 구성되었다. 이는 우리나라의 정당 체계를 '느슨한 양당제'라고 주장하는 주요 근거 중 하나이다.

그리고 원내 의석을 1석이라도 확보한 정당은 4~6개였고, 비교섭단체인 정당의 의석비율이 10%를 넘은 경우는 제15대 국회와 제18대 국회 2차례밖에 없었다. 결국 원내 의석을 가진 4~6개의 정당 중에서

## [표 2] 제13대 국회 이후 교섭단체 구성 정당

| 구분 | 원내교섭단체 | | | | | 비교섭 단체 | 원내 정당 수 |
|---|---|---|---|---|---|---|---|
| | 시기 | 제1당 (의석수) | 제2당 (의석수) | 제3당 (의석수) | 제4당 (의석수) | | |
| 제13대 (299) | 개원 | 민주정의당 (125) | 평화민주당 (71) | 통일민주당 (60) | 신민주공화당 (35) | 8(2.7%) | 5 |
| | 폐원 | 민주자유당 (195) | 민주당(63) | – | | 34(11.6%) | |
| 제14대 (299) | 개원 | 민주자유당 (156) | 민주당(96) | 통일국민당 (32) | – | 15(5.0%) | 4 |
| | 폐원 | 신한국당 (147) | 새정치국민회의 (52) | 민주당(35) | 자유민주연합 (31) | 20(7.0%) | |
| 제15대 (299) | 개원 | 신한국당 (139) | 새정치국민회의 (79) | 자유민주연합 (50) | – | 31(10.4%) | 4 |
| | 폐원 | 한나라당 (122) | 새천년민주당 (98) | 자유민주연합 (49) | – | 29(9.7%) | |
| 제16대 (273) | 개원 | 한나라당 (133) | 새천년민주당 (115) | – | | 25(9.2%) | 5 |
| | 폐원 | 한나라당 (136) | 새천년민주당 (60) | 열린우리당 (47) | – | 25(9.3%) | |
| 제17대 (299) | 개원 | 열린우리당 (152) | 한나라당 (121) | – | | 26(8.7%) | 6 |
| | 폐원 | 통합민주당 (135) | 한나라당 (111) | – | | 44(15.1%) | |
| 제18대 (299) | 개원 | 한나라당 (153) | 통합민주당 (81) | – | | 65(21.7%) | 6 |
| | 폐원 | 새누리당 (162) | 민주통합당 (79) | – | | 50(17.2%) | |
| 제19대 (300) | 개원 | 새누리당 (152) | 민주통합당 (127) | – | | 21(7%) | 4 |
| | 폐원 | 새누리당 (145) | 더불어민주당 (103) | 국민의당(20) | – | 23(7.9%) | |
| 제20대 (300) | 개원 | 더불어민주당 (123) | 새누리당 (122) | 국민의당(38) | – | 17(5.7%) | 4 |
| | 폐원 | 더불어민주당 (128) | 미래통합당 (112) | 민생당(20) | – | 30(10.4%) | |
| 제21대 (300) | 개원 | 더불어민주당 (176) | 국민의힘 (103) | – | – | 5(1.7%) | 7 |
| | 폐원 | 더불어민주당 (155) | 국민의힘 (113) | – | – | 26(8.8%) | |

참조: 원내정당 수는 1석 이상의 원내 의석을 가진 정당의 수를 의미함
출처: 국회사무처, 국회의정자료집 참조

2~4개의 정당은 교섭단체 구성 요건을 채우지 못한 것이다. 만약 교섭단체 구성 요건을 독일처럼 전체 의석의 5%(300석 기준 15석)로 낮춘다고 하더라도 추가로 교섭단체를 구성했을 정당은 제15대 국회에서 통합민주당(15석), 제18대 국회 자유선진당(18석)밖에 없다. 이는 교섭단체 구성 요건을 10석 이하 정도로 대폭 낮추지 않는 이상 교섭단체 구성 정당의 수가 크게 증가하지는 않는다는 점을 보여준다.

교섭단체 구성 요건을 완화하기 위해서는 국회법 개정이 필요하기 때문에 교섭단체를 구성한 정당들의 협조가 필수적이다. 그런데 거대 정당의 입장에서는 굳이 교섭단체 구성 요건을 완화하여 원내 협상의 파트너 수를 증가시키는 것은 합리적 선택이 아니다. 왜냐하면, 협상 파트너가 증가할수록 의사결정에 이르기 위한 협상 비용은 증가할 수밖에 없기 때문이다. 이런 측면에서 볼 때 앞으로도 교섭단체 구성 요건이 완화될 가능성은 크지 않아 보인다.

### (3) 국회 교섭단체는 왜 중요한가: 의사 운영 협의와 원 구성 협상

우리나라 국회에서 교섭단체가 특히 중요한 이유는 주요 원내 의사결정이 '교섭단체 대표 간 협의'를 통해서 이루어지기 때문이다. 이는 본회의장 의석 배정과 간단한 사항에서부터 본회의 개의 시간이나 의사일정 변경, 발언자 수 및 발언 시간 결정 등 의사 운영 관련 중요한 사항까지 포괄한다. 국회법상으로는 '국회의장이 교섭단체 대표의원 간 협의'를 거쳐서 결정하도록 되어 있지만, 국회의장의 역할은 중재와 조정에 국한되고 사실상 원내대표 간 협의를 중심으로 의사결정이 이루어진다([표 3] 참조).

**[표 3] 국회의장과 교섭단체 대표의원 간 협의 사항**

| 국회법 | 내용 |
|---|---|
| 제1장 총칙 | 의석 배정/다음연도 국회 운영 기본 일정 작성 |
| 제3장 국회기관과 경비 | 사무총장 임면 |
| 제5장 교섭단체, 위원회와 위원 | 인사청문특별위원회의 구성/정보위원회 위원 선임 및 개선/ 본회의 중 위원회의 개회 |
| 제6장 회의 | 본회의 개의 시간 변경/본회의 비공개 결정/ 의사일정의 변경/ 심사 기간의 지정/발언 시간 및 발언자 수/5분 자유 발언자 수와 발언 순서/대통령 환부 법안과 인사 안건에 대한 무기명 투표의 예외 인정 |
| 제7장 회의록 | 회의록 게재의 예외 인정 |
| 제8장 국무총리·국무위원·정부위원과 질문 | 국무총리와 국무위원의 대리 출석 허용/대정부 질문 의원 수/비교섭단체 소속 의원의 질문자 수/긴급 현안 질문의 실시 및 질문 시간 |
| 제10장 국회와 국민 또는 행정기관 간의 관계 | 폐회 중 의원의 서류 제출 요구 |

이와 같은 '협의주의'는 1988년 제13대 국회 이후로 현재까지 국회를 지배하는 의사결정 원리로 기능하고 있다. 제1당이 안정적인 과반 의석을 확보했던 제6대 국회부터 제12대 국회까지는 다수당 주도의 의사 운영 방식이 확립되어 있었고, 상임위원장 배분도 다수당의 승자 독식 원칙이 적용되었다. 다만 이 시기는 집권여당이 항상 다수 의석을 차지했던 권위주의 정부 시기로, 국회가 입법·행정부 감독, 재정 통제 등 고유의 기능을 제대로 못 해서 '통법부'로 불리던 시기에 해당된다.

한편 교섭단체 대표 간 '협의'가 아닌 '합의'를 필요로 하는 의사결정도 있다. 협의 사항인 경우에는 교섭단체 대표들이 논의가 의견 합치에 이르지 못하더라도 국회법에 규정된 다수제의 의사결정 규칙에 따라 의결이 가능하다. 그러나 합의 사항은 교섭단체대표 간의 만장일치 동의를 필요로 하기 때문에 이견이 있을 경우에 의결은 불가능하다. 교섭단체 대표 간 합의 사항은 '국회선진화법'으로 불리는 2012년의 국회법 개정에서 채택된 의사 절차 개혁 패키지에 많이 포함되었다. 국회의장의 직권상정(심사 기간 지정), 신속 처리 대상 안건에 대한 예외 인정, 예산안 자동 부의 제도의 예외 인정, 체계 자구 심사 지연 법안의 본회의 부의 요구 법안에 대한 부의 결정 등이 대표적이다.

그런데 교섭단체 대표 간 협의주의가 적용되는 다양한 의사 운영 중에서도 가장 중요한 문제는 '원 구성'이라고 할 수 있다. 국회 임기가 개시되면 가장 우선적으로 원 구성을 해야 하는데, 이 과정도 교섭단체 대표 간의 협상이 지배한다. 원 구성은 국회가 회의체 및 의결체로서의 역할과 기능을 수행하기 위해서 의장단과 상임위원장을 선출하고, 상임위원회 위원을 배정함으로써 완료된다.

국회의장단 선출의 경우 국회법에는 "국회에서 무기명 투표로 선거하고 재적 의원 과반수 득표로 당선된다"라고만 규정되어 있지만, 관행적으로 의장은 제1당 소속 의원으로 선출하고 2인의 부의장은 제1당과 제2당에서 선출해왔다. 예외적으로 제1당 소속이 아닌 의원이 의장으로 선출된 사례도 있다. 제15대 국회 후반기 국회의장은 제2당 새정치민주연합과 연합한 제3당 자유민주연합 소속 박준규 의원이 선출되었다. 또한, 제16대 국회 전반기 국회의장도 제2당인 새천년민주당 소속 이만섭 의원이 선출되었다. 두 경우 모두 제1당이 과반 의석을 획득하지 못했던 경우에 해당된다.

국회 원 구성 과정에서 여야 간의 갈등은 주로 상임위원장 배분을 둘러싸고 발생한다. 국회 상임위원장의 정당 간 배분 방식에 대해서는 국회법이나 규칙 어디에서도 규정하고 있지 않다. 제13대 국회 이후로 확립된 관행은 교섭단체 의석 비율에 따라 위원장직을 배분하되, 어느 정당이 어느 위원장을 차지할지는 교섭단체 대표 간 협상에 의해 결정된다. 이는 곧 교섭단체 간 협상이 원활하지 않으면 원 구성이 지연될 수 있음을 의미한다. 실제로도 제13대 국회 이후로 국회 원 구성은 한 번도 법정 시한[8] 내에 이루어진 적이 없는데, 상임위원장직 배분을 둘러싼 이견 때문이었다. 제13대 국회부터 제21대 국회까지 국회 원 구성이 완료되기까지 평균 41.4일이 소요되었는데, 이는 법정 시한 10일보다 한 달 이상이나 지연된 것이다.

상임위원장직은 원칙적으로 교섭단체를 구성한 정당들에게만 배정되었지만, 예외도 있었다. 제16대 국회에서 교섭단체를 구성하지 못했던 자유민주연합이 1개의 상임위원장을 차지한 적이 있고, 제18대 국회 전반기에 자유선진당과 창조한국당이 '선진과창조'라는 교섭단체를 구성하여 보건복지가족위원장을 차지한 바 있다. 상임위원장 배분의 원칙 역시 국회법 등에 별도의 규정 없이 관행에 따른 것이기 때문에 교섭단체를 구성하지 못한 정당 소속 의원이 위원장을 맡는 것이 불가능하지 않다.

원 구성 협상은 교섭단체를 기본 단위로 하기 때문에, 교섭단체가 많을수록 협상 파트너 증가로 인해 원 구성에 소요되는 기간이 늘어날 것이라는 추론이 가능하다. 실제로 교섭단체 수가 원 구성 소요 기간에 영향을 미치는지를 파악하기 위해서 교섭단체가 2개인 경우와 3개 이상일 경우로 구분하여 원 구성에 소요되는 기간에 차이가 있는지를 비교하였다. 그 결과 제13대 국회부터 제21대 국회까지 교섭단체가 2개였던 경우에는 원 구성 완료에 평균 34.9일이 걸린 반면, 교섭단체가 3개 이상인 경우에는 평균 47.9일이 소요되었다. 즉, 교섭단체가 2개일 때보다 3개 이상일 때 원 구성 협상이 완료되는 데 13일이 더 소요되었다.

의회 개원 이후 가장 우선적인 업무가 의장과 상임위원장 선출, 위원 선임 등의 원 구성이라는 점은 주요국 의회에서도 공통적이다. 다만 상임위원장의 배분 방식에는 각국 의회별로 차이가 있는데, 세 가지 방식으로 유형화할 수 있다. 첫 번째 유형은 우리나라처럼 교섭단체 의석 비율에 비례하여 상임위원장을 배분하는 것이다. 이런 방식은 상임위원장과 같은 핵심적인 지도부 지위에서 원내 세력의 대표성을 높인다는 장점이 있지만, 의회 운영상에서 효율성이나 책임성은 떨어질 수 있다. 독일·영국·일본 등의 의회가 이런 방식을 채택하고 있다.

반면에 미국 연방의회의 경우 과반 의석을 얻은 다수당이 모든 상임위원장을 차지하는 승자 독식 방식을 채택하고 있다. 이는 안정적인 양당제의 전통하에서 선거를 통해서 소수당의 다수당 전환 가능성이 상존하는 정당 체제에서 작동 가능한 방식이라고 할 수 있다. 미국의 경우 하원의장은 당파적인 지도자로서 다수당의 입법 의제를 신속하게 통과시키기 위해서 의장의 권한을 적극적으로 행사한다는 점에서 우리나라와 차이가 있다.

마지막으로 특정 위원회만 야당에서 맡고 나머지는 여당(연합정부)이 맡는 유형이 있는데, 프랑스가 여기에 속한다. 프랑스는 총 8개의 상임위원회 중에서 재정·일반경제·예산감독위원회 위원장은 반드시 야당이 맡고, 나머지 7개 위원회의 위원장은 여당이 맡고 있다. 상임위원회 수가 8개밖에 되지 않기 때문에 가능한 방식일 수 있다. 세 유형 모두 상임위원은 교섭단체 의석 비율에 따라 배정한다는 점은 공통적이다.

## 2. 여당과 야당, 그 비율의 문제

### (1) 여소야대는 예외적인 상황인가

'국회 안의 정당' 활동에 영향을 미치는 요인으로 교섭단체 구성 여부뿐만 아니라 집권당인지 야당인지도 중요하다. 여야 정당 간의 관계는 정부 형태에 따라서 상이하다. 의원내각제 국가에서는 총선 결과 다수당이나 다수연합이 내각을 구성하기 때문에 여소야대(與小野大) 상황은 원칙적으로 불가능하다. 원내정당은 집권여당과 반대 야당으로 구분되며, 여당과 내각이 정책 집행뿐만 아니라 입법 과정도 주도한다. 야당의 주된 역할은 정부의 정책 집행을 감독하고 견제하는 것이다.

반면 대통령제 국가에서는 대통령과 의원이 별도의 선거를 통해 선출되므로 행정부와 의회는 이원적 정통성을 갖는다. 대통령과 의원의 임기는 헌법에 의해 보장되며, 의원내각제처럼 내각과 의회가 연대책임을 지지 않는다. 대선과 총선이 별도로 실시되므로 대통령 소속 집권여당이 의회에서 과반 의석을 차지하지 못하는 여소야대(與小野大) 상황이 얼마든지 가능하다. 이런 상황을 미국에서는 '분점 정부'라고 부르며, 여대야소를 '단점 정부'라고 부른다. 양당제의 전통이 확립되어 있고 의회의 자율성이 높은 미국 의회에서 여당·야당보다는 다수당·소수당 개념이 더 중요하다. 다수당과 소수당은 의회 운영의 기본 단위이기도 하다.

대통령제 권력 구조를 채택하고 있는 우리나라의 경우 대통령 임기는 5년, 국회의원 임기는 4년이므로 대선과 총선의 동시 선거는 20년에 한 번씩만 가능하다. 이는 곧 대통령 임기 중에 총선이, 그리고 국회 임기 중에 대선이 실시된다는 의미이다. 총선 결과에 따라 만들어진 여대야소 또는 여소야대의 정당 구도는 국회 임기 도중에 실시된 대선에 따라서 뒤바뀔 수 있다. 제21대 국회 임기 중반에 실시된 2022년 대선에서 윤석열 대통령이 당선됨에 따라 국민의힘이 집권여당이 되면서 여대야소 국회가 여소야대 국회로 바뀐 것이 대표적이다.

우리나라는 대통령제 권력 구조를 채택하고 있지만, 의원의 장관 겸직, 총리제, 정부의 법안 제출권 등 의원내각제적 특성이 강하다. 또한, 국회의 정치 과정에 대한 대통령의 영향력이 크고, 여야 간의 정책 갈등도 대통령의 정책 의제를 중심으로 전개되는 경우가 많다. 노무현 대통령의 행정수도 이전과 국가보안법·사학법 등 소위 '4대 개혁 입법'이 제17대 국회를 지배했고, 이명박 대통령의 4대강 입법과 방송법·신문법 등 언론 관계법 등이 제18대 국회를 지배했던 것이 대표적이다. 이처럼 대통령이 의회 과정에 강한 영향력을 행사하는 반면 의원들이 소속 정당에 대해 약한 자율성을 갖는다는 점을 고려하면 '분점 정부'보다는 '여소야대' 개념이 한국 정치의 특징을 더 잘 포착하는 개념이라고 할 수 있다.

민주화 이후로 국회는 여대야소와 여소야대 중에서 어떤 정치 상황이 더 지배적이었을까? 일반적으로 여소야대는 '집권여당이 국회에서 과반 의석을 확보하지 못한 상황'으로 정의된다. 미국 연방의회처럼 양당제가 확고하게 자리 잡은 상황에서 여소야대는 항상 야당이 과반 의석을 확보한 제1당임을 의미한다. 반면 원내정당이 3개 이상일 경우에는 여당이 원내에서 가장 많은 의석을 확보하더라도 여소야대 상황에 직면할 수 있다. 예컨대 제13대 총선 결과 확립된 4당 체제에서 민정당은 41.8%의 의석을 차지한 제1당이었지만, 야 3당의 의석을 합쳐서 과반 의석이었기 때문에 여소야대 국회였던 것이다.

민주화 이후로 모든 대통령은 임기 중에 총선을 치렀는데, 대통령 임기 내내 집권당 단독으로 과반 의석을 차지한 여대야소 상황에서 국정을 운영한 대통령은 김영삼 대통령밖에 없었다. 김대중·윤석열 대통령은 임기 내내 여소야대 국회를 상대로 국정 운영을 해야 했다. 나머지 대통령은 임기 중에 여소야대와 여대야소를 모두 경험했다. 이명박 대통령의 경우 여소야대 국회 상황에서 취임하여 제18대 총선 결과 여대야소로 전환되었고, 박근혜 대통령의 경우 여대야소 상황에서 취임하여 제19대 총선에서 여소야대 국회로 전환되었다([표 4] 참조).

결국 김영삼 대통령을 제외한 모든 대통령이 여소야대 국회를 상대로 국정 운영을 해야 했다는 점은 여대야소보다는 여소야대 국회가 더 일상화된 입법 환경임을 의미한다. 그런데 여당이 과반 의석을 확보하지 못한 상황이 모두 같은 것은 아니며, 여당과 야당의 의석 비율에 따라서 원내정당 간의 역학관계는 상당한 차이를 보인다. 여소야대를 크게 세 유형으로 구분할 수 있다.

첫 번째 유형은 대선에서 원내 제1당 후보자가 낙선하고 제2당 후보가 당선되는 경우다. 1998년 김대중 대통령 당선 당시 국회에서는 한나라당이 162석으로 과반 의석을 차지하고 있었으며, 2003년 노무현 대통령이 취임할 당시에도 한나라당은 151석을 가진 다수당이었다.

**[표 4] 1988년 이후 국회의 여야 정당 관계**

| 대통령 | 선거 | 임기 개시일 | 여야 관계 | 제1당 (선거 직후 의석률) | 비고 |
|---|---|---|---|---|---|
| 노태우 | 대선 | 1988년 2월 25일 | 여대야소 | 민정당(57.9%) | 1990년 3당 합당 |
| | 총선 | 1988년 5월 30일 | 여소야대 | 민정당(41.8%) | |
| 김영삼 | 대선 | 1993년 2월 25일 | 여대야소 | 민자당(54.8%) | 임기 내내 여당 과반 의석 유지 |
| | 총선 | 1996년 5월 30일 | 여대야소 | 신한국당(51.6%) | |
| 김대중 | 대선 | 1998년 2월 25일 | 여소야대 | 한나라당(54.8%) | DJP 연합으로 여대야소(1998년 9월 ~2000년 2월) |
| | 총선 | 2000년 5월 30일 | 여소야대 | 한나라당 (48.7%) | |
| 노무현 | 대선 | 2003년 2월 25일 | 여소야대 | 한나라당 (55.5%) | 열린우리당 분당으로 여소야대(2005년 3월 이후) |
| | 총선 | 2004년 5월 29일 | 여대야소 | 열린우리당(50.5%) | |
| 이명박 | 대선 | 2008년 2월 25일 | 여소야대 | 통합민주당(47.3%) | – |
| | 총선 | 2008년 5월 30일 | 여대야소 | 한나라당(51.2%) | |
| 박근혜 | 대선 | 2013년 2월 25일 | 여대야소 | 새누리당(51.2%) | – |
| | 총선 | 2016년 5월 30일 | 여소야대 | 더불어민주당(41%) | |
| 문재인 | 대선 | 2017년 5월 10일 | 여소야대 | 더불어민주당(40.5%) | – |
| | 총선 | 2020년 5월 30일 | 여대야소 | 더불어민주당(58.7%) | |
| 윤석열 | 대선 | 2022년 5월 10일 | 여소야대 | 더불어민주당(56.5%) | 임기 내내 여당 의석 점유율 최저 |
| | 총선 | 2024년 4월 10일 | 여소야대 | 더불어민주당(58.3%) | |

2022년 당선된 윤석열 대통령의 경우 더불어민주당 의석이 172석으로 민주화 이후 여야 간 의석 차이가 가장 많은 상황에서 취임하였다. 대통령 취임과 동시에 과반 의석을 차지한 야당을 상대로 대선 공약의 입법을 추진해야 된다는 점에서 정치적으로 상당히 어려운 상황이다.

여소야대의 두 번째 유형은 제1야당이 과반 의석에는 미달하지만, 제1당으로서 원내 의석은 가장 많은 상황이다. 김대중 정부에서 DJP 공조가 깨진 이후 시기와 이명박 대통령 취임 직후부터 제18대 총선이전까지, 그리고 박근혜 정부에서 제20대 총선 이후부터 임기 말까지가 여기에 해당된다. 이 유형에서 여야 정당 간의 관계를 결정하는 중요한 요인은 집권여당과 제1야당 간의 의석률의 차이다. 제20대 총선 결과처럼 야당인 더불어민주당의 의석(123석)이 집권당인 새누리당의 의석(122석)보다 1석밖에 많지 않다면 제1당으로서의 위상이 제한적일 수밖에 없다. 오히려 제3당으로서 38석을 획득하여 교섭단체를 구성했던 국민의당이 캐스팅 보터로 관심을 받았다.

세 번째 유형은 집권여당이 비록 과반 의석 확보에는 실패했지만, 원내 제1당 지위를 갖는 경우이다. 노태우 정부에서 제13대 총선 결과 집권당이 41.8%의 의석으로 제1당이었던 시기, 노무현 정부에서 제17대 총선 결과 열린우리당이 과반 의석을 차지했다가 대거 탈당으로 제1당 지위를 상실한 시기(2005년 4월부터 2007년 2월까지)와 다시 대통합민주신당 창당 이후, 그리고 문재인 대통령 취임 이후 제21대 총선 이전까지가 이 시기에 속한다.

여소야대의 세 유형 중에서 여소야대 상황이 대통령과 집권여당의 통치 능력을 가장 위협하는 상황은 제1야당이 과반 의석을 차지한 첫 번째 유형일 것이다. 왜냐하면, 대통령과 집권당의 정책 의제는 과반 의석을 차지한 제1야당이 반대하면 입법에 성공하기 어려울 것이고, 결과적으로 대통령의 국정 운영은 난관에 부딪힐 수밖에 없기 때문이다. 2024년 4월에 실시된 제22대 총선에서 집권여당은 108석(36%)을 얻는 데 그친 반면, 범야권은 192석(64%)을 확보하면서 윤석열 대통령은 5년 임기 내내 거대 야당이 국회를 지배하는 상황에 처했다. 이는 민주화 이후 역대 대통령의 임기 중 치러진 총선에서 야당의 의석 점유율이 가장 높은 상황이라는 점에서 윤석열 대통령 집권 후반기의 국정 운영에 대한 우려가 제기되고 있다.

이처럼 민주화 이후로 김영삼 대통령을 제외한 모든 대통령이 짧든 길든 모두 여소야대 정치 상황에서 국정 운영을 했던 중요한 원인 중 하나는 대선과 총선 임기의 불일치이다. 대통령과 국회의원 임기 도중에 총선이나 대선이 실시될 때마다 정당이 이합집산하면서 정당 체계가 안정되지 못했다. 여기에 총선 임기 중반에 실시되는 지방선거를 고려하면 한국의 대통령과 정당들은 상시적으로 선거를 치르고 있다고 해도 과언이 아니다.

실제로 1988년 대선부터 2024년 총선까지 대선과 총선 간의 선거 주기는 평균 28.9개월밖에 되지 않고, 지방선거까지 포함할 경우 선거 주기 평균은 18.6개월에 불과하다. 이는 곧 우리나라의 정당들은 항상 선거운동을 하고 있음을 의미한다. 더군다나 대선과 총선 모두 다수제적 특성이 강한 우리나라 선거 제도는 제로섬 게임이자 승자 독식 게임이다. 선거 승리를 위해서 정당들은 상대 당을 비판하고 깎아내려야 하며, 여기에는 대화나 타협, 협상과 양보의 정치가 개입하기 힘들다. 이런 양상은 정치 양극화가 심해지면서 최근 들어서 더욱 심각해지고 있다.

이 문제를 근본적으로 해결하기 위해서는 대선과 총선의 주기를 일치시켜야 하므로 대통령 임기를 4년으로 단축하는 개헌이 요구된다. 그동안 많은 연구자가 대통령 4년 중임제 개헌을 주장했던 명분도 이와 일맥상통하는 것이었다. 만약 대선과 총선이 동시에 실시된다면 여소야대든 여대야소든 적어도 4년간은 예측 가능하고 안정적인 여야 관계가 가능하다. 정당이 18.6개월마다 선거를 치러야 한다는 점은 정당 정치의 안정적인 운영 측면에서 분명 마이너스 요인일 것이다.

### (2) 여소야대는 여대야소와 어떻게 다른가: 제21대 국회 사례

제21대 총선에서 더불어민주당은 의석 점유율은 민주화 이후 총선에서 승리한 제1당 중 가장 높은 58.7%를 기록했다. 제21대 국회 전반기(2020년 5월 30일~2022년 5월 29일)는 문재인 대통령 집권기와 거의 일치하는 여대야소 상황이었고, 임기 중반에 윤석열 대통령이 취임(2022년 5월 10일)하면서 후반기(2022년 5월 30일~2024년 5월 29일)는 여소야대 상황으로 바뀌었다. 원내정당의 의석 분포나 기타 다른 조건이 동일한 상황에서 대선 결과로 집권당이 교체되었기 때문에 제21대 국회는 여대야소와 여소야대의 정치 상황이 의정 활동에서 어떤 차이를 가져오는지를 비교하기 좋은 조건이다.

먼저 입법 활동의 측면에서 집권여당이 과반 의석을 차지한 다수당인 시기와 소수당인 시기 간에 차이가 있는지를 살펴보기로 한다. 제21대 국회 임기 동안 제출된 의원안은 총 2만 3,657건이다. 의원안 이외에 정부안 831건, 위원회안 1,372건도 제출되었지만, 의원안만을 대상으로 두 시기를 비교한 결과가 [표 5]에 나타나 있다.

제21대 임기 전체 기간 의원안 발의 현황을 보면 정당별 의석 점유율과 전체 의원안 중 각 정당 소속 의원안 비율이 거의 같음을 알 수 있다. 제1당인 더불어민주당의 의석 점유율은 58.7%, 소속 의원안 비율은 60%였다. 제2당인 국민의힘의 경우 의석 점유율과 소속 의원안의 비율이 34.3%로 일치하였다. 제3당이었던 정의당 소속 의원안 비율(1.5%)은 의석 점유율(2.0%)에 조금 못 미치는 것으로 나타난다.

**[표 5] 제21대 국회 여대야소 시기와 여소야대 시기 의원안 발의 현황**

| 정당<br>(의석 비율) | 제21대 전체 | 여대야소 시기<br>(2020년 5월 30일<br>~2022년 5월 9일) | 여소야대 시기<br>(2022년 5월 10일<br>~2024년 5월 29일) |
|---|---|---|---|
| 더불어민주당<br>(58.7%) | 14,196(60.0%) | 8,831(63.2%) | 5,365(55.5%) |
| 국민의힘<br>(34.3%) | 8,113(34.3%) | 4,361(31.2%) | 3,752(38.8%) |
| 정의당<br>(2.0%) | 360(1.5%) | 227(1.6%) | 133(1.4%) |
| 기타<br>(5.0%) | 988(4.2%) | 563(4.0%) | 425(4.4%) |
| 합계(100%) | 23,657(100%) | 13,982(100%) | 9,675(100%) |

참고: 각 정당의 의석 비율은 제21대 국회 임기 동안 변동이 있었지만, 개원 시점을 기준으로 나타냄

이를 여대야소 시기와 여소야대 시기로 구분해서 보면 다른 양상이 관찰된다. 더불어민주당 소속 의원안 비율은 여당인 시기(63.2%)보다 야당인 시기(55.5%)에 7.7%p 낮아진 반면, 국민의힘 소속 의원안 비율은 야당인 시기(31.2%)보다 여당인 시기(38.8%)에 7.6%p 더 높아졌다. 이처럼 후반기에 국민의힘 소속 의원안 비율의 증가 현상은 새 정부 출범 이후 여당 의원들이 대선 공약을 비롯한 새 정부의 정책 의제를 법안으로 제안한 효과로 설명할 수 있을 것이다.

그런데 집권여당이 과반 의석을 차지하고 있는지 여부는 법안 발의보다 법안 의결에서 더 중요한 영향을 미친다. 법안을 발의하기 위해서는 10인 이상의 찬성만 있으면 되지만, 법안이 본회의에서 통과되기 위해서는 '재적 의원 과반수의 출석과 출석 의원 과반수의 찬성'이 필요하기 때문이다. 따라서 집권여당이 다수당에서 소수당으로 바뀐 이후 본회의에서 의결되는 의원안에 차이가 있는지를 소속 정당별로 비교할

필요가 있다.

[표 6]은 제21대 국회 본회의 표결에 부쳐진 의원안 현황을 보여준다. 총 2,977건의 법안이 본회의 표결에 회부되었는데, 이 중에 정부안이 210건, 위원장안이 1,373건이었고 의원안은 1,394건이었다. 국회 입법 과정의 특성상 본회의 표결에 회부된 법안은 법안 내용을 둘러싼 갈등이 대부분 해소된 법안들이다. 이는 본회의 표결에 부쳐진 2,977건 중에서 부결된 법안이 8건에 불과하다는 사실을 통해서 입증된다.

분석 결과 제21대 국회에서 본회의에서 의결된 의원안의 64.7%는 더불어민주당 의원안으로 의석 점유율(58.7%)에 비해서 6%p 높았다. 반면, 국민의힘 의원안의 비율은 33.1%로 의석 점유율(34.3%)에 비해서 1.2%p 정도 낮았다. 정의당이나 기타 정당 소속 의원안의 의결율은 의석 점유율에 비하면 현저하게 낮게 나타났다. 교섭단체를 구성하지 못한 정당의 입법 활동이 본회의 의결에서 갖는 한계를 여실히 보여주는 결과이다.

한편 소속 정당별로 의원안의 의결 비율은 여대야소 시기와 여소야대 시기에 현저한 차이를 보였다. 집권당이 과반 의석을 점유한 전반기

**[표 6] 제21대 국회 본회의 의결 의원안 현황**

| 정당 | 제21대 전체 | 여대야소 시기 (2020년 5월 30일 ~2022년 5월 9일) | 여소야대 시기 (2022년 5월 10일 ~2024년 5월 29일) |
|---|---|---|---|
| 더불어민주당 | 902(64.7%) | 504(77.2%) | 398(53.7%) |
| 국민의힘 | 462(33.1%) | 136(20.8%) | 326(44.0%) |
| 정의당 | 4(0.3%) | 0(0.0%) | 4(0.5%) |
| 기타 | 26(1.9%) | 13(2.0%) | 13(1.8%) |
| 합계 | 1,394(100%) | 653(100%) | 741(100%) |

에는 본회의 의결 법안 중에서 더불어민주당 의원안이 77.2%를 차지했으나, 여소야대인 후반기에는 더불어민주당 의원안 비율은 23.5%p 낮아진 53.7%로 나타났다. 반면에 본회의 의결법안 중 국민의힘 소속 의원안의 비율은 야당이었던 전반기에는 20.8%였던 것이 여당이 된 후반기에는 44%로 23.2%p나 높아졌다.

대통령이 교체된 사실을 제외하면 원내정당의 의석 비율이나 기타 정치적 환경이 동일함에도 불구하고 이런 변화가 나타났다는 사실은 주목할 만하다. 본회의 표결에서 가장 중요한 요인인 여야 정당의 의석 비율에 변동이 없었음에도 불구하고 국민의힘이 여당이 된 이후 여당안의 의결율이 높아진 이유는 무엇일까? 그 이유는 별도의 분석을 통해서 검증될 필요가 있지만, 다수당인 더불어민주당도 합의할 만한 민생 법안을 국민의힘이 대선 이후 중점적인 정책 의제로 추진한 결과로 해석할 수도 있다.

제21대 국회 여대야소 시기와 여소야대 시기에 의정 활동의 차이가 가장 두드러진 부문은 대통령이 지명한 고위 공직 후보자에 대한 국회의 인사청문 결과이다. 2000년에 처음 도입된 국회 인사청문회 제도의 취지는 대통령의 고위공직자에 대한 임명권을 국민의 대표 기관인 국회가 견제하는 것이었다. 그러나 24년여간 인사청문회가 실시되어오면서 인사청문회장은 여야 정당 간의 갈등과 대립이 적나라하게 드러나는 장(場)이 되었다. 집권여당은 대통령이 지명한 후보자를 지지하고 방어하는 데 집중하고, 야당은 후보자를 비판하고 공격하는 여방야공(與防野攻)의 정당 행태가 두드러졌다. 인사청문회가 '고위공직자 업무 적격성 검증'이라는 도입 취지와 무색하게 원내정당 간 대립의 장이 되면서 인사청문회 무용론, 더 나아가서 폐지론까지 대두되고 있다.

국회의 인사청문 대상은 크게 두 범주로 구분된다. 헌법에 따라 대통령이 국회의 임명 동의를 얻어야 하는 국무총리, 대법원장 등 23개의 공직은 본회의 표결을 통해서 국회의 임명 동의 여부가 결정된다. 본회의에서 임명 동의안이 부결되면 대통령은 새 후보자를 지명해야 한다. 반면 2000년 제도 도입 이후 법률에 근거하여 인사청문 대상으로 포함된 국무위원 등 공직의 경우 해당 공직의 소관 상임위원회에서 인사청문을 실시하고, 인사청문 결과는 인사청문 경과 보고서에 담긴다. 별도의 본회의 표결절차는 없으며, 국회가 후보자 임명에 부정적 의견이어도 대통령은 임명을 강행할 수 있다.

인사청문회가 '대통령의 인사권에 대한 견제 수단'이라는 점과 여당에 대한 대통령의 영향력을 고려할 때 여대야소 시기보다 여소야대 시기에 국회의 공직 후보자 임명 동의율이 낮을 것으로 예측할 수 있다. [표 7]에 나타난 인사청문 결과는 이런 예측이 사실임을 입증한다. 공직 후보자가 국회의 임명 동의를 받지 못한 비율은 여대야소 시기에는 21.3%였지만, 여소야대 시기에는 54.5%로 2배 이상 높게 나타났다. 윤석열 대통령이 지명한 공직 후보자의 절반 이상이 국회에서 임명 동의를 받지 못한 것이다.

이를 보다 세분화해서 보면 국무총리와 국무위원 후보자가 임명 동의를 받지 못한 비율은 25.7%에서 40%로 높아졌고, 감사원장을 비롯한 주요 기관장(국가정보원장, 검찰청장, 국세청장, 금융위원장, 한국은행 총재 등)의 경우 8.3%에서 76.9%로 전반기보다 9배 이상 높아졌다는 점이 두드러진다. 국가 권력기관의 장에 대한 국회의 임명 동의율은 인사

**[표 7] 제21대 국회 인사청문 결과 국회 임명 동의를 받지 못한 비율**

| 청문 대상 공직 | 여대야소 시기 (2020년 5월 30일~2022년 5월 9일) | | 여소야대 시기 (2022년 5월 10일~2024년 5월 29일) | |
|---|---|---|---|---|
| 행정부 | 합계 | 21.3% | 합계 | 54.5% |
| | 국무총리·국무위원 | 25.7% | 국무위원·국무총리 | 40% |
| | 감사원장·기관장 | 8.3% | 감사원장·기관장 | 76.9% |
| 사법부 | 0% | | 14.3% | |
| 헌법상 독립기관 | 0% | | 0% | |
| 합계 | 18.5% | | 43.2% | |

참고: 공직 후보자 임명 동의안이 본회의 표결에서 부결되거나, 소관 위원회에서 인사청문 경과 보고서가 채택되지 못한 경우를 국회의 임명 동의를 받지 못한 경우로 규정함. 헌법상 독립기관은 헌법재판소와 중앙선거관리위원회를 포함함

청문 제도 도입 이후 가장 낮은 수준이다. 그리고 대법관 등 사법부 공직 후보자가 국회의 임명 동의를 받지 못하는 경우는 매우 드물었는데, 여소야대 국면에서는 7인 중에서 1명이 국회의 임명 동의를 받지 못해서 낙마하였다. 이는 정치 양극화의 심화와 함께 정치의 사법화가 심해지면서 사법부 구성의 중요성이 커지고 있는 현실을 반영하고 있다.

마지막으로 제21대 국회 후반기 여소야대 국면에서 두드러진 특징은 대통령의 거부권(재의요구권) 행사이다. 제6공화국(1988년 이후 현재까지)에서 대통령의 거부권은 총 30건이 행사되었는데, 이 중에서 14건(46.7%)이 윤석열 대통령이 집권 2년간 행사한 것이었다. 대통령과 집권여당 간의 강한 연계를 고려하면 여소야대 상황에서만 거부권이 행사되었을 것 같지만, 여대야소 상황에서 거부권이 행사된 경우도 3건이 있었다.

제21대 국회에서 대통령이 거부권을 행사한 법안들은 집권여당과 야당 간의 정책 입장의 차이가 첨예하게 대립했던 쟁점 법안들이었다.

양곡관리법·간호법·노동조합법·방송관계법을 비롯하여 대통령 배우자 특검법·화천대유특검법·순직해병수사방해특검법 등이 해당된다. 이 법안들에 대한 상임위원회 심사 과정에서 집권여당은 입법에 반대하고 본회의 표결에도 불참했지만, 압도적 다수 의석을 가진 야당의 입장에 따라 본회의를 통과할 수 있었다. 그러나 입법 과정의 마지막 비토 지점인 대통령의 서명 단계에서 거부권이 행사된 것이다.

대통령이 거부권을 행사한 법안이 국회에서 재의결되기 위해서는 '재적 의원 과반수의 출석과 출석 의원 3분의 2 이상의 찬성'이라는 높은 허들을 통과해야 한다. 윤석열 대통령이 거부권을 행사한 법안 14건의 법안 중에서 9건은 본회의 표결에 재회부되었지만 부결되었고, 5건은 본회의 재의결 없이 제21대 국회 임기 만료로 폐기되었다. 민주화 이후로 대통령이 거부권을 행사한 법안 30건 중에서 본회의에서 재의결되어 법률로 확정된 경우는 1건밖에 없었다. 그만큼 대통령 거부권은 대통령이 국회 다수당에 대해서 행사할 수 있는 강력한 비토 권력임을 알 수 있다.

## 3. 정당의 의사결정: 표결

### (1) 당론인가? 소신인가?

우리나라 헌법 제46조 제2항은 "국회의원은 국가이익을 우선하여 양심에 따라 직무를 행한다"고 규정하고 있다. 그리고 국회법 제114조의 2(자유투표)에 따르면 "의원은 국민의 대표자로서 소속 정당의 의사에 기속되지 아니하고 양심에 따라 투표한다"며 자유투표를 명문화하고 있다. 이 조문은 2002년 3월에 제16대 국회에서 추진된 국회 개혁의 일환으로 개정 국회법에 신설된 것이었다.

그런데 헌법이나 법률보다 하위 규범인 정당의 당헌은 당론을 어긴 의원에게 징계 등의 불이익을 줄 수 있도록 하고 있다. 더불어민주당 당헌 제14조(징계사유)는 '당의 강령이나 당론에 위반하는 경우'를 징계 사유에 포함시키고 있으며, 국민의힘 당헌 제60조(양심에 따른 투표의 자유) 제2항은 "의원총회에서 의결한 당론에 대하여 의원이 국회에서 그와는 반대되는 투표를 했을 경우에 의원총회는 의결로서 그에 대한 소명을 들을 수 있다"고 정하고 있다.

정당이 정책과 이념적 지향에서 동질적인 의원들의 집합체라면 의원의 양심에 따른 투표와 당론에 따른 투표 결과는 크게 다르지 않을 것이다. 그러나 우리나라의 정당은 정책 정당으로서의 정체성이 취약하고, 같은 정당에 소속되어 있는 의원들의 이념적 스펙트럼도 넓은 특징을 보인다. 이에 따라 양대 정당의 이념적 스펙트럼이 중첩되는 영역 즉, 국민의힘 소속 진보적 의원이 더불어민주당 소속 보수적인 의원보다 훨씬 진보적인 것으로 나타난다. 결국 의원의 양심에 따른 투표가 당론 투표와 충돌하는 경우가 발생할 수 있다. 이 경우 헌법과 국회법은 양심에 따라야 한다고 하지만, 소속 정당의 당헌은 당론을 따를 것을 주문하고 있는 것이다.

그런데 국회 본회의 표결에 부쳐진 법안 중에서 당론이 정해져 있는 법안은 매우 제한적이다. 양대 정당의 입장 차이가 극명해서 본회의 표결 전에 타협의 가능성이 없는 매우 갈등적인 법안일 경우 당론이 정해진다. 따라서 국회의원이 당론을 어겼다는 이유로 소속 정당으로부터 징계받은 경우가 흔한 것은 아니다. 최근 사례로는 제20대 국회 임기 말에 통과된 고위공직자수사처법(공수처법) 제정안에 대한 본회의 표결에서 기권했다는 이유로 징계받은 금태섭 의원이 있다. 멀리는 15대 국회 임기 말(1999년 5월)에 한나라당은 표결 보이콧이라는 당론을 어기고 노사정위원회법에 대한 환경노동위원회 표결에 참석했다는 이유로 이미경 의원에게 당권 정지, 이수인 의원에게 제명의 징계를 내린 적도 있다. 그리고 같은 해 동티모르 파병 동의안에 찬성한 이미경 의원은 당론 위배를 이유로 출당 조치되었다.

정당의 응집성과 책임성을 위해서 최소한의 정당 기율은 필요하다. 특히 의회의 표결 결과가 내각의 존속과 직결되는 의원내각제 국가에서 표결 단속은 정당의 존립을 위해서 필수적이다. 의원내각제 국가인 영국 의회의 경우 의원에게 매주 회람하는 공보물(The Whip)에서 본회의 표결 예정인 법안 목록과 당론의 구속 정도를 명시하는 방식으로 의원의 표결을 통제하고 있다. 법안명 아래 한 줄이 그어진 법안(single-line whip)의 경우 해당 법안에 대한 정당의 정책 입장을 안내하기만 할 뿐 의원에게 출석이나 표결에 대한 어떤 구속도 없다. 이 경우 의원은 당론에 구속받지 않고 소신대로 표결할 수 있다. 두 줄이 그어진 법안(two-line whip)의 경우 출석과 표결이 의무적이지만, 사전에 당의 허가를 얻어 표결 불참이 허용되고, 당론도 권고 수준이다. 세 줄이 그어진 법안(three-line whip)의 경우 의원의 표결 참여와 당론 투표는 의무적이며, 당론 이탈 시 출당이나 제명의 징계가 가능하다. 내각 불신임안이나 쟁점 법안에 대한 표결이 주로 이에 해당한다.

본회의 표결을 통해서 드러나는 정당 응집성이나 정당 충성도의 정도는 의원내각제 국가의 경우가 대통령제 국가보다 높은 것이 일반적이다. 대통령제 국가인 미국에서도 최근 들어서 정당 양극화가 심화되면서 과거에 비해서 상대적으로 정당 간 교차 투표 비율이 감소하고 있다. 그러나 여전히 정당이 의원의 선택을 구속하는 정도는 의원내각제 국가인 영국 의회와 비교할 때 훨씬 약한 것이 사실이다.

### (2) 보이콧의 정치: 정당 단합 투표 불참

일반적으로 원내정당 간 입법 갈등의 내용이나 정도는 본회의 표결을 통해서 가장 명확하게 드러난다. 의원의 본회의 표결에 영향을 미치는 요인으로 가장 중요한 변수는 소속 정당임이 입증되어왔다. 그런데 우리나라 국회의 입법 과정을 지배하는 '협의주의적 원리'는 본회의 표결만으로 원내정당 간 갈등을 파악하기 어렵게 한다. 제13대 국회 이후로 국회를 지배하고 있는 협의주의는 의사 운영의 원칙으로 기능할 뿐만 아니라 입법 과정도 지배하고 있다. 상임위원회와 본회의에서 어떤 법안을 심의하고 표결할 것인지까지도 교섭단체 간의 협의를 통해서 결정하는 관행이 지배하고 있다.

따라서 입법 과정에서 핵심인 상임위원회 심사 단계에서 여야 정당 간에 협의가 원만히 이루어지지 못한 법안은 상임위원회를 통과하기가 쉽지 않다. 이런 법안의 경우 국회법에 규정된 다수제적 의사결정의 원리에 따라 상임위원회와 본회의에서 표결을 통해서 의결할 수 있으며, 법안에 반대하는 정당이 표결에 불참하더라도 의결 정족수만 충족된다면 문제가 없다. 다만, 이 경우 '협의에 따른 법안 처리'라는 전통과 관행을 위반했다는 소수당의 강한 저항에 부딪힌다. 여야 정당 간에 협의를 통한 법안 처리가 일반적이다 보니, 원내정당 간 이견이 심각한 법안은 소관 상임위원회의 문턱을 넘지 못하므로 본회의 표결 단계까지 도달하지 못한다.

이는 본회의 표결에 도달한 법안은 법안에 대한 원내정당 간 갈등이 어느 정도 해소된 법안임을 의미한다. 본회의에 전자투표제가 도입된 이래로 4년의 국회 임기 동안 본회의 표결에서 법안에 대한 평균 찬성률은 항상 95% 이상일 정도로 높다는 점이 이를 입증한다. 제21대 국회에서 표결에 부쳐진 법안 2,977건에 대한 평균 찬성률은 96.2%였고, 만장일치 법안도 12%를 차지하였다. 제20대 국회의 경우 법안에 대한 평균 찬성률은 96.6%였고, 만장일치 법안은 9.1%였다. 이는 국회 본회의 표결을 통해서 원내정당 간 입법 갈등의 내용이나 정도를 정확하게 파악하기 어려움을 의미한다.

여야가 첨예하게 대립한 갈등적 법안은 본회의 표결 참여를 통해서가 아니라 표결 불참을 통해서 파악할 수 있다는 점이 우리나라 국회에서 발견되는 쟁점 법안 처리 방식의 특징을 보여준다. 즉 쟁점 법안을 의결하기에 충분할 정도로 제1당의 의석을 차지하고 있을 경우 제2당은 본회의 표결을 보이콧함으로써 반대 의사를 표현한다. 과거에도 제1당이 압도적 다수 의석을 가진 국회에서 이런 경향은 더욱 심했다. 제21대 국회에서도 이런 경향은 반복되었는데, 대표적으로 대통령이 거부권을 행사한 14건의 법안은 모두 본회의에서 의결될 당시 국민의힘 의원들이 표결에 불참하였다.

[표 8]은 제21대 국회 본회의 표결에 대한 분석 결과이다. 총

2,977건의 법안에 대해서 본회의 표결이 실시되었으며, 이 중에서 357건(12%)의 법안은 만장일치로 통과되었다. 만장일치 법안을 여대야소 시기와 여소야대 시기로 구분해서 보면 여대야소 시기에는 60건(4.3%), 여소야대 시기에는 297건(18.8%)의 법안이 만장일치로 의결되어서 여소야대 시기에 여야 간의 법안에 대한 합의 수준이 높은 것처럼 보인다.

그러나 국민의힘 소속의원이 집단적으로 표결에 불참한 법안 수를 보면 여대야소 시기에는 43건(3.1%), 여소야대 시기에는 117건(7.4%)으로, 여소야대 시기에 3.7배 더 많고 비율로도 2배 더 높다. 즉, 여소야대 시기에 만장일치 법안 비율이 높은 것은 국민의힘 소속 의원이 불참한 상황에서 만장일치로 법안이 의결된 경우인 것이다. 법안에 대한 평균 찬성율이 여대야소 시기(94.4%)보다 여소야대 시기(97.7%)에 더 높게 나타난 점도 같은 맥락에서 이해해야 한다. 법안에 대한 찬성률은 표결에 참여한 의원 중에서 찬성한 의원의 비율이기 때문에, 표결 불참은 아예 반영되지 않은 비율인 것이다.

이와 같은 분석은 민주화 이후로 다수당의 법안 단독 처리가 여소

**[표 8] 제21대 국회 본회의 표결**

| 본회의 표결 | 전체 임기 | 여대야소 (2020년 5월 30일 ~2022년 5월 9일) | 여소야대 (2022년 5월 10일 ~2024년 5월 29일) |
|---|---|---|---|
| 본회의 표결 실시 법안 | 2,977건 | 1,398건 | 1,579건 |
| 만장일치 법안(%) | 357건(12%) | 60건(4.3%) | 297건(18.8%) |
| 국민의힘 표결 불참 | 160건(5.4%) | 43건(3.1%) | 117건(7.4%) |
| 평균 찬성률 | 96.2% | 94.4% | 97.7% |
| 평균 찬성률 이하로 의결된 법안 | 842건(28.3%) | 446건(31.9%) | 399건(25.3%) |

야대 시기보다 여대야소 시기에 더 집중되었고, 국회의장 직권상정을 통한 쟁점 법안의 처리 역시 여대야소의 정치 상황에 집중되었다는 과거의 분석 결과[9]와도 일맥상통한다. 과반 의석을 차지한 집권당은 의석수를 무기로 대통령과 집권당의 정책 의제를 단독 처리할 강한 동기를 갖게 되고, 소수당 입장에서는 표결 보이콧을 통해 입법 결과의 정당성을 흠집 내는 전략을 선택했던 것이다.

한편 높은 본회의 찬성율에도 불구하고 일부 법안의 경우 본회의 표결에서 상당한 표결 균열이 발견된다. 이런 법안을 대상으로 국회의원의 본회의 표결에 영향을 미친 요인을 통계적으로 검증할 수 있다. 분석 결과에 따르면 이 역시 의원의 소속 정당이 투표 균열을 설명하는 가장 중요한 요인으로 작용하며, 법안의 내용에 따라서 의원의 이념 성향이나 지역구 변수가 유의미하게 작용하기도 하는 것으로 나타났다.[10]

* * *

'완전한 민주주의 국가'라는 외국의 평가[11]에도 불구하고 정당 정치에 대한 유권자의 신뢰는 여전히 낮은 수준이다. 그 원인은 다양하겠지만, '국회 속의 정당' 활동에 대한 실망도 일조했을 것이다. 서로 다른 사회 세력을 대표하고 지지 기반이 다른 원내정당 간에 이견과 갈등은 불가피하다. 국회에서 이견과 갈등을 조정하고 타협함으로써 입법에 도달하는 과정 자체가 정당이 사회 통합 기능을 수행하는 것인데, 오히려 정당이 사회 갈등을 증폭시킨다는 비판을 받고 있다.

쟁점 법안에 대한 소수당의 표결 불참과 다수당 단독 처리, 그 이후의 의사 파행이라는 원내정당의 행동 패턴은 20년 전이나 지금이나 개선된 바가 없다. 또한, 정권이 교체되면 여당을 중심으로 이전 대통령의 측근이나 가족 관련 비리 의혹을 수사하기 위한 특검법이 제출되고, 그 처리를 둘러싸고 여야 갈등이 첨예화되는 양상도 여전히 반복되고 있다.[12] 대통령 이슈가 정치 과정을 지배하면 여야 정당 간 협상과 타협의 여지는 더욱 협소화되고 여야 갈등은 더욱 증폭되는 악순환이 반복되어왔다.

'국회 속의 정당'이 드러냈던 많은 문제의 근원에는 '국회 밖 대통령'의 강한 영향력이 자리 잡고 있음을 알 수 있다. 따라서 '국회 속의 정당'이 본연의 기능을 회복하기 위해서는 정치 과정에 대한 대통령의 영향력을 약화시킬 수 있는 방안을 모색해야 한다. 이를 위해서는 정치 과정에 대한 대통령 영향력이 어떤 정치적 자원에서 기원하는지를 파악해야 한다. 국회의원을 총리나 국무위원으로 겸직할 수 있도록 하는 인사권과 정부의 법안제출권은 모두 정치 과정에 대한 대통령의 영향력을 가능하게 한다. 결국 우리나라 권력구조의 의원내각제적 특성이 대통령의 영향력을 강화하고 있는데, 이를 바꾸기 위해서는 개헌이 필요하다.

집권여당이 대통령으로부터 자율성을 확보하는 것도 중요하지만, 국회의원들이 소속 정당으로부터 어느 정도 자율성을 확보하는 것도 중요하다. 정당 지도부가 의원의 소신과 양심에 어긋나는 당론을 정할 경우 의원이 소신에 따른 결정을 할 수 있어야만 여야 간 타협과 협상의 중간지대가 조성될 수 있다. 다수당의 단독 처리와 소수당의 표결 보이콧이라는 일사불란한 정당 차원의 행동을 가능하게 하는 것은 무엇보다도 정당 지도부가 장악하고 있는 후보자 공천 제도에서 기인한다. 후보자 공천 권한은 재선을 목표로 하는 의원을 통제할 수 있는 강력한 수단이기 때문이다.

결론적으로 '국회 속의 정당'이 노정해온 문제를 해결하기 위해서는 우리나라 대통령제의 문제점을 극복하기 위한 권력 구조적인 개혁, 그리고 정당이 짧은 주기로 선거 정치의 소용돌이에 휘말리는 것을 막기 위한 대선과 총선 주기의 일치 등 개헌 차원의 노력이 필요함을 알 수 있다.

# 제2장

# 국회 밖의 정당

**김진주**(중앙선거관리위원회 선거연수원 지정교수)
**곽진영**(건국대학교 정치외교학과 교수)

대의민주주의에 기반을 둔 현대 민주주의는 대리자를 선출하고, 그들을 통하여 국가를 통치·운영한다. 정당은 저마다 그 구성이 다르지만 크게 국회 속의 정당 조직인 원내 기구와 국회 밖의 정당 조직을 가지고 있다. 원내 기구는 국회의원 중심의 국회 내에서 활동하는 조직으로 의원총회를 통해 원내대표를 선출하고, 국회에 제출되는 중요한 정책이나 법안·의안을 심의하는 등의 기능을 수행한다. 원내정당 조직과 관련된 원내대표, 의원총회 등은 언론과 뉴스매체 등에서 빈번히 노출되고 있어 그 역할과 활동을 이해하기 어렵지 않다.

반면 국회 밖에 존재하는 원외 정당 조직은 그 명칭이 다소 생소할 수 있는데, 정당의 당헌·당규에도 '원외 정당 조직' 혹은 '원외 기구'라고 명확하게 지칭된 것은 없다. 원외 정당, 혹은 원외 정당 조직이란, 당원, 당 대표, 최고위원회, 당협(지역)위원회, 후보자 공천위원회 등을 포함하는 국회 밖의 모든 정당 조직으로 이해하면 된다.

제2장에서는 원외 정당 조직의 주요 구성을 중심으로 현황을 살펴본다. 한국에는 2024년 5월 1일 기준, 총 51개의 정당이 중앙선거관리위원회에 등록되어 있으나, 민주화 이후로부터 계승 정당으로 명맥을 이어오며 국회에서 교섭단체를 구성해온, 국민의힘과 더불어민주당을 중심으로 원외 정당 조직의 현황을 상세히 설명하고자 한다. 특히 인적 자원으로서 당원, 대의원, 당 대표, 공직 후보자와 그 활동 자원인 국고보조금을 중심으로 현황 진단과 제도 개선이 필요한 부분에 대한 방안을 제시하여 위기가 도래한 한국 정당 정치의 해법을 함께 고민하고자 한다.

## 1. 정당의 기본 단위, 당원과 지구당

### (1) 대의원은 당원을 대표하는가

당원이란 "정당으로부터 의무와 특권을 부여받으면서 조직적 연계를 형성하게 된 개인"을 의미한다.[1] 당원은 정당의 구성원이자 지지자이며, 동력이 되는 중요한 기초 자원이다. 한국에는 당원이 얼마나 있을까. 놀랍게도 등록된 바에 따르면 한국인의 5명 중 1명은 당원이다. 2022년 12월 31일 기준 우리나라의 총당원 수는 1,065만 3,090명으로 인구수 대비 20.7%, 선거인 수[2] 대비 24.1%에 달한다.[3] 정당별로는 더불어민주당이 484만 9,578명으로 가장 많은 당원을 가지고 있으며, 국민의힘이 429만 8,593명으로, 우리나라 전체 당원 중 약 85.9%가 두 정당의 당원으로 나타났다. 이는 우리나라 정당 정치가 이 두 정당을 중심으로 운영되고 있음을 보여준다.

한국의 당원 수는 다른 나라와 비교할 때 상당히 많은 수준이다. 영국의 경우 2022년 기준 선거인 수 대비 약 1.5%가 당원으로 나타났으며[4], 독일은 2019년 기준 선거인 수 대비 약 2.0%[5], 스웨덴은 2020년 기준 선거인 수 대비 4.4%[6]로 모두 우리나라에 비해 현저히 낮은 수준이다.

그렇다면 모든 당원은 동일한 의무와 권한을 가질까. 아니다. 당원에도 여러 유형이 존재한다. 국민의힘은 "당규가 정하는 바에 따라 성실히 당원의 의무를 다한 자"[7], "당비 규정에 정한 당비를 권리 행사 시

**[그림 1] 대한민국 총당원 수**

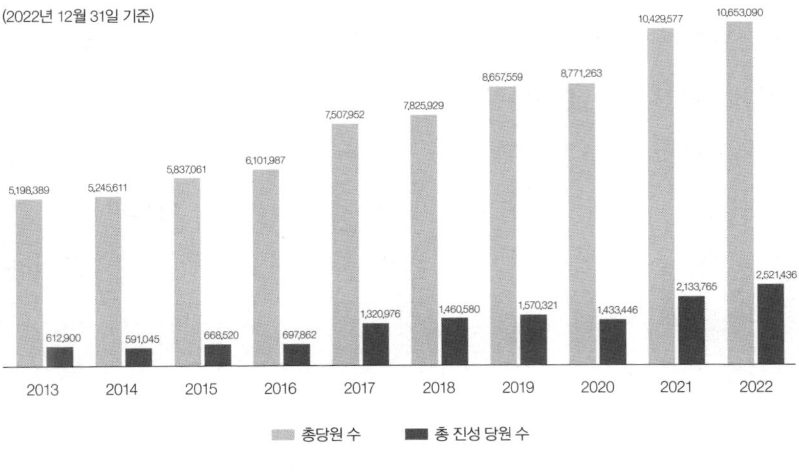


출처: 중앙선거관리위원회. 2023.「2022년도 정당의 활동 개황」.

점에서 1년 중 3개월 이상 납부하고 연 1회 이상 당에서 실시하는 교육 또는 행사 등에 참석한 당원"[8]을 '책임당원'이라 정의하고 있다. 반면 더불어민주당의 경우 당비를 내는 당원을 '권리당원'으로, 권리당원 중에서 "일정 기간 계속해서 당적을 보유하고 있고 당비 체납이 없는 당원"을 '백년당원'으로 구분하고 있다.[9] 이러한 책임/권리당원은 정당 안에서 다양한 권한을 가지게 되는데, 국민의힘의 경우 당원소환 청구 및 투표 권리, 중요 정책에 대한 토론 요구 및 발안 권리, 전당대회 선거인단 자격, 지역구 국회의원 선거 후보자 자격 등이 부여된다. 또한, 지역 유권자 수의 0.5% 이상의 책임당원이 있는 국회의원 선거구에서만 당원협의회가 구성될 수 있도록 정하고 있다. 더불어민주당의 권리당원은 공직 및 당직 선거인 자격 및 추천 권리, 당원소환 투표 청구 권리, 당헌·당규의 제·개정과 폐지, 당 제도 운영, 정책·입법의 입안 등에 대한 청원 권리, 발안 및 토론 등의 권리를 가진다.

이렇듯 정당별로 당원의 유형을 나누기도 하지만, 일반적으로 당비를 납부하는 '진성당원'과 그렇지 않은 당원으로 구분하기도 한다. 2022년 12월 기준 우리나라 진성당원의 수는 252만 1,436명으로 전체 당원 수 대비 약 23.7%이다. 이는 우리나라 인구의 약 20%가 당원이지만, 실제 당비를 냄으로써 정당 내에서 권한을 가지는 당원의 수는 인구 중 약 4.9%에 불과함을 의미하며, 소위 '허수당원', '유령당원'이라 불리는 실제 활동하지 않는 당원이 다수라는 것을 보여준다. 2023년 박상훈 외의 연구에서 비공식적으로 인터뷰를 실시한 한 현직 의원은 자신의 지역구 내 당원 중 70%는 모르는 사람이며, 당원 본인도 자신이 당원인지 모를 것이라고 응답한 바 있다. 이러한 응답은 당원의 수가

**[그림 2] 대한민국 인구수 대비 당원 비율(%)**

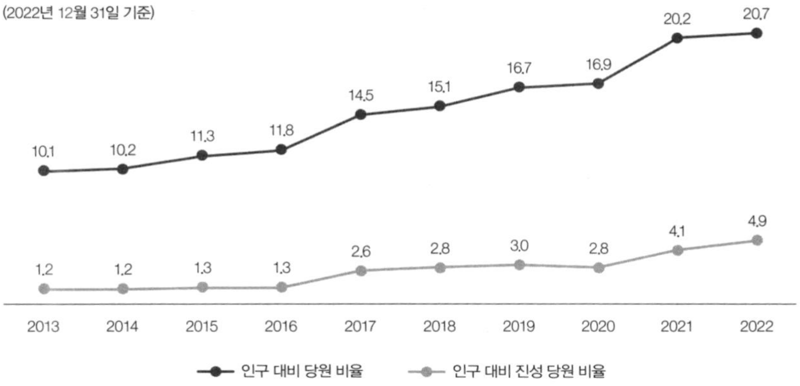


출처: 중앙선거관리위원회. 2023. 「2022년도 정당의 활동 개황」.

과연 실제 지지자의 수인지, 정당 내 영향력을 가지는 이들을 일컫는지 다소 명확하지 않은 부분이 존재한다는 것을 보여준다.

실제 활동하는 당원의 수는 원외 정당 조직의 운영에 있어서 매우 중요한 부분이지만, 당내 민주주의가 확립되었는지에 대해 의문이 있는 현 우리나라 정당 정치하에서는 오히려 당원의 수보다 당원의 대표이자 실질적으로 영향력을 행사하는 대의원이 더욱 중요하다고 볼 수 있다. 전당대회/전국대의원회의에서 대의원은 당헌, 당 강령의 채택 및 제·개정, 당 대표 및 최고위원 지명/선출, 대통령 후보자 지명, 기타 주요 안건 의결 및 승인 등의 당내 주요 의사결정에 참여한다.

당원의 대리자로 최고 의결 기관이자 당 최고 대의 기관인 전당대회(더불어민주당의 경우 전국대의원대회)를 구성하는 대의원은 어떠한 정치적 대표성을 갖는가.

정치적 대표성은 공식적 대표성, 상징적 대표성, 기술적 대표성, 실질적 대표성으로 구분된다.[10] 공식적 대표성은 정치적 대표성 확보에 있어서 제도적인 규칙이나 규정이 존재했는지, 상징적 대표성은 대표자가 어떠한 감정과 태도를 일으키는 상징적 인물인지를 의미하며, 기술적 대표성은 산술적으로, 수적으로 대표성이 확보되었는지, 실질적 대표성은 실제 대표자의 행위에 초점을 맞추어 대표자가 대표하고자 하는 이들의 의견을 적극 반영하고 있는지에 중점을 둔다.

대의원의 구성은 정당 당헌에서 정하고 있다. 국민의힘 전당대회는 1만 명 이내의 대의원으로 구성된다.[11] 대의원이 될 수 있는 당원은 [표 1]과 같이 총 19호로 되어 있으며, 원내 기구 소속의 국회의원도 대의원에 포함될 수 있다. 추가적인 조항을 통해 당원협의회에서 추천하고 시·도당 운영위원회에서 의결한 당원, 국회의원이 추천하는 당원[12]이 전체 대의원 총수의 50% 이상으로 구성되어야 한다고 명시하고 있어 정당 내 주요 요직 인사뿐 아니라 지역의 책임당원까지 대의원으로 포함하고 있다. 그 밖에도 이 두 가지 경우에 해당되는 대의원은 여성 50%, 만 45세 미만 20%~40%로 구성해야 한다는 조항도 명시하고 있다.

더불어민주당의 경우 별도 인원수 제한은 없으며, 당헌에 따라 총 25호의 대의원으로 구성된다. 또한, 300명 이하의 재외국민당원, 전국직능 대표자 회의가 추천하는 300명 이하의 당원, 전국 대학생위원회가 추천하는 200명 이하의 대학생 당원을 대의원으로 둘 수 있도록 하고 있어 다양한 집단의 대표성을 확보하고 있으며, 각 지역위원회가 선출하여 추천하는 대의원에 대해서는 여성 50%, 청년 30%로 구성하도

**[표 1] 정당별 대의원 구성**

| | 국민의힘 | 더불어민주당 |
|---|---|---|
| 조항 | 당헌<br>제1절 전당대회<br>제12조(구성) 제1항 | 당헌 제3장 대의기관<br>제1절(전국대의원대회)<br>제15조(지위와 구성) 제2항 |
| 내용 | 1. 당 대표<br>2. 최고위원(원내대표, 정책위원회의장 포함)<br>3. 상임고문<br>4. 당 소속 시·도지사<br>5. 당 소속 국회의원<br>6. 당원협의회 운영위원장<br>7. 중앙위원회 주요 당직자<br>8. 국책자문위원회 위원<br>9. 재정위원<br>10. 중앙당 및 시·도당 사무처 당직자<br>11. 당 소속 자치구·시·군의 장<br>12. 당 소속 시·도의회 의원<br>13. 당 소속 자치구·시·군의회 의원<br>14. 제1호 내지 제13호에 해당하지 아니하는 전국위원회 위원<br>15. 최고위원회의의 의결로 선임하는 당원<br>16. 각 시·도당 운영위원회에서 추천하는 당원<br>17. 당원협의회에서 추천하고 시·도당 운영위원회에서 의결한 당원<br>18. 국회의원이 추천하는 당원<br>19. 국민의힘 국회보좌진위원회에서 추천하는 당원 | 1. 당 대표<br>2. 최고위원<br>3. 상임고문과 고문<br>4. 당무위원<br>5. 중앙위원<br>6. 당 소속 국회의원<br>7. 정책연구소의 장과 차급의 장<br>8. 중앙당 전국위원회, 상설위원회, 상설특별위원회의 위원장(급)과 부위원장(급)의 정무직 당직자<br>9. 시·도당위원장<br>10. 지역위원장<br>11. 당 소속 지방자치단체장<br>12. 당 소속 지방의회 의원<br>13. 중앙당 사무직 당직자<br>14. 전직 국회의원, 전직 장·차관, 전직 시·도지사<br>15. 당무위원회가 선임하는 700명 이하의 대의원<br>16. 각 시·도당의 운영위원<br>17. 각 시·도당상무위원회가 추천하는 5명<br>18. 중앙당의 사무직당직자인사위원회가 정한 시·도당 법정 유급사무원<br>19. 각 지역위원회가 선출하여 추천하는 대의원<br>20. 당 소속 국회의원이 추천하는 보좌진 2명<br>21. 재외국민당원 중 세계한인민주회의가 추천하는 300명 이하의 대의원<br>22. 전국직능대표자회의가 추천하는 300명 이하의 대의원<br>23. 대학생 당원으로서 전국대학생위원회가 추천하는 200명 이하의 대의원<br>24. 정책당원이 소속된 기관 또는 단체가 추천하는 정책대의원<br>25. 당규에 따라 당원자격심사위원회가 선정한 백년당원 |

록 하는 조항을 가지고 있다. 두 정당의 대의원 모두 원내조직, 원외 조직 인사뿐만 아니라 여성, 청년 등 다양한 집단으로 구성되어 있어, 공식적·상징적 대표성은 어느 정도 확보되어 있다고 평가할 수 있다.

그렇다면 기술적·실질적 대표성은 어떠할까. 안타깝게도 실제 정당별로 몇 명의 대의원이 활동하는지 명확하게 공개하는 자료가 없어 확인이 쉽지 않다. 다만 전당대회에서 치러진 선거 결과에서 공개된 자료를 통해 그 당시 대의원 수를 가늠할 수 있다. 국민의힘의 경우 당헌에도 나와 있듯 1만 명 이내의 대의원을 구성해야 하기에 2021년 제1차 전당대회에서는 8,374명, 2023년 제4차 전당대회에서는 8,944명의 대의원이 전당대회에 참여했고, 더불어민주당은 2018년에는 1만 5,745명, 2020년에는 1만 6,270명, 2022년에는 1만 6,282명이 전국대의원대회 내 선거인단으로 참여한 것으로 나타났다.

이를 전체 당원 수 기준으로 살펴보았을 때[13], 더불어민주당은 평균 0.39%, 국민의힘은 평균 0.21%의 당원이 대의원으로 활동하고 있는 것으로 보인다. 두 정당 모두 소수의 대의원이 나머지 대다수 당원의 의견을 대변하고 있는 것으로, 기술적 대표성이 충족되었다고 보기는 어렵다. 더욱이 대의원에는 일반 당원뿐만 아니라 원내 조직에 해당하는 당내 국회의원과 주요 지도부, 당직자들이 포함되어 있어 실제 일반 당원의 의견을 어느 정도 반영할 수 있을지 실질적 대표성에 대해서도 의문이 남는다.

### (2) 당원에게 지구당은 필요한가

원외 정당 조직은 정당마다 다르지만, 정당법에 따라 정당을 창당하는 한국의 특성상 공통적으로 수도에 1개의 중앙당을 두고, 17개 특별시·광역시·도에 각각 시·도당을, 그리고 하위에 세부적으로 활동하는 하부 조직을 가지고 있다.[14] 세부적으로 활동하는 하부 조직은 국민의힘과 더불어민주당에서 각기 다른 명칭으로 불리며, 253개의 국회의원 선거구를 중심으로 각각 '당원협의회'와 '지역위원회'를 운영하고 있다.[15]

원외 정당 조직인 중앙당과 시·도당, 그리고 하부 조직의 역할은 무엇일까. 중앙당은 당내 의사결정, 당원 관리, 회계와 공천 심사를 관장하며, 100명의 유급 사무직원을 포함하는 사무처를 운영한다. 한편 시·도당의 권한과 역할은 중앙당과 비교하면 상대적으로 약한 것이 현실이다. 정당 학자 키이(V. O. Key)는 당내 민주주의 실현과 중앙당과 지역 정당 조직의 역할 분담을 정당의 주요 기능으로 제시하며, 당원을 중심으로 지지자를 조직하고 그들의 이해관계를 집약하고 표출하며, 인적 자원을 발굴하고 훈련하는 정당 활동을 강조하였다.[16] 이러한 정당의 기능과 이를 통한 당내 민주주의가 확립되기 위해서는 시·도당이 중앙당과 수평적으로 활동하며 적극적인 소통을 이루어야 한다.

하지만 한국의 경우 지구당 폐지 이후 더욱 중앙당 및 당 지도부에 권한이 집중되어 있는 형태를 보이며, 특히 공천과 같은 인적 충원에 있어서는 중앙의 영향력이 강하여,[17] 당내 민주주의 실현에서 중요한 부분인 분권화 수준이 높지 않다.

1962년 12월 31일 정당법 제정 이래 지구당은 정당의 기초 지역 조직으로서 지역의 의사를 전달하고 중앙과 지역을 연계하는 풀뿌리 조직의 기능을 다 하지 못하고, 정치적으로 선거에 동원되는 기계로 변질되고, 선거 핵심 운동원 역할을 수행하면서 주변인에게 돈 봉투를 건네거나 술값, 밥값 등의 불법 자금을 제공하는 등 불법 정치자금 모금의 원인으로 전락해갔다.[18] 또한, 강한 수직 구조를 가지고 지구당 위원장이 시·도 의원과 기초단체장 후보 경선에 적극적으로 개입하는 등 지구당 위원장의 사조직으로 변질되었다. 이러한 문제가 지속되자 2004년 3월 국회 정치개혁특별위원회는 불법 정치자금의 통로가 되는 원인을 모두 차단하자는 취지에서 정당법에 법인·단체 후원 금지와 함께 불법 선거자금의 온상인 지구당을 폐지하는 내용을 담았다. 그러나 당시에도 많은 정치학자는 정당 활동의 위축과 음성적인 또 다른 정치 모임의 활성화를 촉발할 수 있음을 경고하면서, 지구당이 지역 유권자와 정치를 이어주는 창구 역할을 하는 정당 정치의 근간이므로 폐지보다는 제도 개선이 필요하다고 주장했다.[19]

현재 시·도당은 일반 국민의 입·탈당, 선출직 공직자 평가, 시·도당 소속 당원의 의견 집약, 공직선거 후보자 추천, 중앙당 위임 사항 등의 기능을 수행한다. 각 정당의 당헌·당규에 부여된 역할과 기능만 보았을 때는 실질적인 업무를 수행하고 있는 것으로 여겨진다. 그러나 17개 시·도당 전체를 통틀어 총 100인의 유급 사무직원만 둘 수 있기에[20] 수많은 당원을 관리하고 의견을 집약하는 등의 실제 업무 수행에는 한계가 존재한다.

하부 조직으로는 국민의힘의 당원협의회, 더불어민주당의 지역위원회가 있는데, 이 조직은 각 정당의 당헌·당규에 따라 당무를 처리하고, 당원 모임과 교육, 지역 현안 파악 등의 역할을 하게 되어 있다. 그러나 2023년도 당직자 실태조사 결과에 의하면, 별도의 사무소를 둘 수 없는 하부 조직에서 지역 국민의 여론을 수렴하기는 쉽지 않으며, 당원 관리의 권한은 시·도당에 있으나 실질적으로는 하부 조직을 통해 이루어지기 때문에 수행과 권한의 주체가 다른 데에서 기인하는 어려움이 존재하고, 선거 시에도 사무소가 없고 정치자금을 활용할 수 없다는 점에서 하부 조직의 역할과 기능에는 큰 한계가 존재하는 것으로 나타났다.[21]

그렇다면 다른 국가는 어떨까. 미국과 영국에는 커뮤니티 정치라는 개념이 존재한다. '커뮤니티 정치'란 지역에 기반을 둔 참여민주주의로, 보수당과 노동당 양당제 구도의 영국에서 제3당이 생존하기 위해서는 지역에 기반을 둔 참여민주주의가 필요하다는 주장에서 시작되었다.[22] 이러한 커뮤니티 정치를 통해 영국의 자유민주당은 1995~1998년 하원의원 선거와 지방선거에서 승리를 거두었고,[23] 다른 유럽국가 및 미국으로 커뮤니티 정치가 확산되었다. 미국의 경우, 특히 카운티 수준에서 당원의 자발적인 참여를 중심으로 커뮤니티 정치 참여가 이루어지고 있다. 상시 운영이 가능한 지역 사무실이 없음에도 불구하고 젊은 당원들의 기여로 홈페이지를 운영하고 있으며, 주별로 교육프로그램을 지원하고, 발안제를 운영하여 입법 과정에 참여할 수 있게 하는 등 적극적인 하부 조직 활동의 확대를 지원하고 있다.[24] 이러한 커뮤니티 참여 활동은 재정적인 어려움을 극복하고 중앙당과 지역 정당 조직의 연계를 강화하고 있어,[25] 우리나라 정당의 하부 조직 운영에도 참고 사례가 될 수 있다.

한국 정당의 원외 정당 조직은 법적, 실질적 한계로 인하여 중앙당 중심으로 운영되고 있으며, 지구당이 폐지되면서 오히려 분권화의 측면에서 당내 민주주의의 실현에서 멀어지고 있어 이에 대한 현실적인 제도 개선이 필요하다.

## 2. 원외 정당의 수장, 당 대표

### (1) 당 대표는 누구인가

당 대표란 정당을 대표하고, 당무를 통할하는 자를 일컫는다. 당 대표의 지위는 정당마다 다르지만, 공통적으로 당의 회의 소집 및 주재, 당직자 인사 추천·임면권 등을 지니며, 당무 전반에 관한 집행·조정 및 감독, 당 예산 편성, 당무위원회 또는 최고위원회 위임 사항 처리, 공직선거 후보자 추천, 윤리 감찰단 운영 등의 권한을 지닌다. 양당 모두 당 대표가 당무 전반과 당직자 인사·추천 등 강한 권한을 가지고 있다.[26, 27]

사실 당 대표의 권한은 과거에는 더욱 강했다. 2000년대 한국 정당은 원외 조직이 강하여 국회의원들이 국회직보다 당직을 선호하고 제왕적인 당 대표에게 충성하는 경향이 있었고, 이러한 폐단을 해결하고자 원내에서 소속 국회의원을 대표하는 원내대표직을 두고 당 대표와 원내대표를 이원화하는 방향으로 개혁이 이루어졌다.[28] 국민의힘은 원내대표를 "교섭단체 대표로서 국회 운영에 관한 책임과 최고 권한을 갖는다"라고 정의하고 있으며,[29] 더불어민주당은 "국회에서 당을 대표하고 국회 운영에 관하여 책임을 지며, 원내 업무를 통할한다"[30]라고 명시하고 있다. 두 정당의 당헌에서 모두 확인할 수 있듯이 원내대표는 국회 내에서 정당과 소속 국회의원을 대표하고 국회 운영에 있어서 관련된 모든 업무를 수행하는 책임과 권한을 가진 자이므로 당 대표와는 차이를 보인다. 당 대표와 원내대표의 이원화로 당 대표의 권한이 축소되고 국회의원의 자율성이 높아질 것이라는 기대와 달리, 당 대표가 예산 집행 권한을 포함한 전반적인 당무와 당직자 인사·추천 등 강한 권한을 가지고 있다는 점에서 여전히 우리 정당의 당 대표 권한은 크다.

정당의 당 대표는 어떻게 선출되는가. 국민의힘은 "선거인단이 실시한 선거에서 최다 득표자를 당선인으로 하여 전당대회에서 지명한다"라고 명시하고 있으며,[31] 최다득표자의 득표율이 50%를 넘지 않을 경우 결선투표를 실시하는 절대다수 결선투표제를 시행하고 있다. 선거권이 있는 선거인단의 경우 당규로 정하고 있는데, 전당대회의 대의원, 대의원이 아닌 선거 공고일 당일 당원 명부에 등재된 책임당원 전원, 그리고 당원협의회별 유권자 수의 0.1% 이내로 구성된 일반 당원으로 선거인단이 꾸려진다.[32]

더불어민주당은 대의원, 권리당원, 일반 국민으로 선거인단을 구성한다.[33] 이 중, 대의원과 권리당원의 유효 투표 결과는 70% 반영되며, 대의원과 권리당원 내에서도 20:1 미만의 비율로 반영된다. 일반 국민의 의견은 국민 여론조사를 통해 30% 반영된다.

모두가 평등하게 1인 1표의 가치를 가져야 한다는 표의 등가성은 선거에 있어서 중요한 부분이기에, 일반적인 공직선거에서는 매우 중요하다. 하지만 정당 내 의사결정에 있어서는 전체 당원을 대표하는 대의원이기에 책임/권리당원에 비해 더 큰 권한을 주는 것이 필요하다고 볼 수도 있고, 반대로 같은 당원이기에 같은 권한을 부여해야 한다는 입장도 존재할 수 있다. 이는 정당의 의사결정 방식을 정함에 있어서, 당원의 기여와 역할 정도에 따라 그 의견의 무게를 반영할 것인지, 아니면 모든 의사를 동등하게 반영할 것인지의 문제이며, 어떤 방식이 옳고 그르냐의 문제는 아니다.

다른 국가의 정당에도 우리와 같은 당 대표가 존재할까. 대다수 국가의 정당에 당 대표가 존재하지만, 한국의 정당과는 다르다. 우선 미국의 민주당과 공화당은 전당대회에서 선거를 통해 당 대표 격인 의장을 선출한다. 민주당의 경우, 주의 의장과 최고위원회 임원, 민주당 주지사협회, 미국 청년민주당, 전국민주여성조직의 회장과 회원 등으로 구성된 민주당 전국위원회에서 선거를 통해 과반을 획득한 1인을 의장으로 선출한다.[34] 이렇게 선출된 의장은 민주당 전국위원회 업무와 대통령 후보자 지명, 절차 준비와 진행에 관련한 업무 등의 역할을 수행한다.[35] 공화당의 경우, 각 주의 공화당 전국위원장과 남녀 전국위원회 위원 1명씩으로 구성된 공화당 전국위원회에서 남녀 각 1인씩을 의장과 공동의장으로 선출하며, 공화당 의장 역시 대통령 후보를 선출하고 선거를 이끄는 전국위원회의 대표 역할을 수행한다.[36] 선출 방식 등에 있어서는 한국 정당의 당 대표와 유사해 보이나, 미국 정당은 주와 지역 정당 조직 중심으로 운영되고 있고, 당헌·당규에도 의장의 권한과 역할이 명시되어 있지 않으며, 두 정당의 의장 모두 대통령 후보자를 선출하고 선거를 이끄는 역할에만 중점을 두고 있어 한국의 당 대표와 권한의 측면에서 차이를 보인다.

한편 영국의 당 대표는 한국의 당 대표와 유사한 권한을 가지지만, 원내 하원의원만이 당 대표가 될 수 있다는 점에서 오히려 우리의 원내대표와 유사하다. 보수당의 수장은 보수당 소속 하원의원 중 당원(스코틀랜드 당원 포함) 선거를 통해 50% 이상의 득표를 얻은 후보자가 당선된다.[37] 당선된 보수당의 대표는 당원 및 보수당의 싱크탱크인 보수정책포럼의 의견을 수렴하여 당의 정책 방향을 결정하고, 보수당의 의장과 보수정책포럼의 대표 등을 임명하는 인사권 등을 가지며 당을 이끈다.[38] 노동당 역시 전당대회에서 선거를 통해 원내 하원의원 중에서 당 대표를 선출하고, 당 대표는 당을 대표하고 모든 선거에 대한 책임을 지며, 하원의원 선거에서 승리할 시 총리 자격으로 내각과 주요 직책을 임명하는 등의 권한을 가진다.[39]

이렇듯 미국과 영국, 두 국가의 주요 정당들은 모두 당원을 대표하고 당을 이끄는 리더가 존재하지만, 미국의 민주당과 공화당 대표는 대통령 선거와 같이 연방 수준의 선거에서만 역할을 수행해 권한이 상이하고, 영국의 보수당과 노동당 대표는 향후 정권 획득 시 총리가 될 수 있다는 높은 위상을 지니지만, 하원의원만 당 대표에 출마할 수 있기에 우리나라의 원외 정당 운영 주체인 당 대표와는 그 성격이 다르다고 볼 수 있다.

### (2) 당 대표는 꼭 있어야 하나

당 대표의 역할은 매우 중요하지만, 우리나라 정당들은 당원이나 일반 유권자의 의견을 반영하여 당 대표를 선출하였음에도 불구하고 정당 내에 주요 이슈가 터지거나 선거를 전후하여 책임론이 등장하면 당 대표직을 사퇴하도록 요구하여 당 대표가 주어진 임기를 다 채우지 못해왔다. 당 대표 임기는 두 정당 모두 2년으로 규정하고 있는데, 국민의힘은 당헌·당규에 임기 2년을 명시하고 있으며,[40] 더불어민주당은 2년마다 소집되는 정기전국대의원대회에서 당 대표가 선출될 때까지[41]로 임기를 맞추고 있다.

규정에 따르면 최근 10년을 기준으로 할 때, 정당별로 5명씩의 당 대표가 존재해야 한다. 하지만 실상은 그렇지 않다. [표 2]에서 볼 수 있듯이 국민의힘은 최근 10년간[42] 총 6명의 당 대표가 있었으며, 2년의 임기를 모두 채운 당 대표는 없었다. 그나마 2014년 7월 14일 선출된 김무성 전 대표가 약 1년 11개월간 당 대표직을 역임하였다. 최단기간 당 대표직을 역임한 인물은 이정현 전 대표로 2016년 8월 9일 당 대표로 선출되었으나, 그해 12월 16일 당시 대통령 탄핵 가결의 책임을 지고 사퇴하면서 약 4개월간 당 대표로 활동하였다.

더불어민주당의 경우, 최근 10년간 당 대표 대행을 제외한 총 8명의 당 대표(공동 포함)가 있었으며, 그중 추미애, 이해찬 전 대표가 당 대표직 역임 당시 임기를 채웠으며, 공동대표였던 김한길, 안철수 전 대표가 2014년 3월 26일부터 2014년 7월 31일까지 약 4개월 동안 최단기간 당 대표로 활동하였다.

당 대표가 자신의 임기를 다 채우지 못하면 누가 당 대표의 직무를 수행할까. 우리나라 정당들은 비상대책위원회를 설치하고 비상대책위원장이 이를 대신해왔다. 국민의힘에는 최근 10년간 총 5명, 더불어민주당에는 총 8명(대행 제외, 공동 포함)의 비상대책위원장이 존재했으며, 대체로 추후 전당대회에서 당 대표가 선출되기 이전까지 활동하였다. 국민의힘 당헌 제96조에는 당 대표의 사퇴 등 궐위, 선출직 최고위원 및 청년 최고위원 중 4인 이상의 사퇴 등 궐위, 그 밖에 최고위원회

## [표 2] 최근 10년간 정당별 당 대표 및 비상대책위원장 (2024년 4월 1일 기준)

| | 국민의힘 | 더불어민주당 |
|---|---|---|
| 2014 | 김무성 | 김한길·안철수 → **박영선** → **문희상** |
| 2015 | 김무성 | **문희상** → 문재인 |
| 2016 | 김무성 → 김희옥 → 이정현 | 문재인 → **김종인** → 추미애 |
| 2017 | 이정현 → **인명진** → 홍준표 | 추미애 |
| 2018 | 홍준표 → **김병준** | 추미애 → 이해찬 |
| 2019 | **김병준** → 황교안 | 이해찬 |
| 2020 | 황교안 → **김종인** | 이해찬 → 이낙연 |
| 2021 | **김종인** → 이준석 | 이낙연 → 김태년(대리) → **도종환·윤호중** → 송영길 |
| 2022 | 이준석 → **정진석** | 송영길 → **윤호중·박지현** → **박홍근**(대리)·**우상호** → 이재명 |
| 2023 | **정진석** → 김기현 | 이재명 |
| 2024 | **한동훈** | 이재명 |

참고: 굵은 글씨는 비대위원장

출처: 국민의힘 홈페이지(https://www.peoplepowerparty.kr/), 더불어민주당 홈페이지(https://theminjoo.kr)

의에서 전원 찬성으로 비상대책위원회 설치를 의결한 경우 비상대책위원회를 설치할 수 있게 되어 있다. 단, 당 대표의 사퇴 등으로 인하여 궐위되면, 1,000명 이내의 전국위원회의 추인을 받아야 하고, 비상대책위원회가 설치되면 전국위원회 의장이 후속 절차를 진행한다. 비상대책위원장은 전국위원회 의결을 거쳐 임명된다. 더불어민주당의 경우 당 대표 및 최고위원 과반이 궐위되는 등 당에 비상상황이 발생하면 전국 800명 이하의 위원으로 구성된 중앙위원회(전국대의원회의 수임 기관)가 비상대책위원회를 구성하게 되어 있고, 비상대책위원장이 당 대표의 권한을 행사한다고 명시되어 있다.[43]

물론 정당에게 선거 승리는 근본적인 존립과 관련한 매우 중요한 목표이기에 선거 시기에 맞추어 지도부를 교체하고 선거 대비 체제로 전환하는 것은 목표 실현에 매우 긍정적인 영향을 미칠 수 있다. 또 전 당원이 결집하여야 하는 선거라는 특수한 상황에서는 더욱이 비상대책위원회 체제로 전환함으로써 정당을 환기하고 전 당원의 관심을 높이는 데 기여하는 바가 있다. 하지만 당 대표 선출 과정과 비상대책위원장 선출 과정이 명백히 다르고, 한국의 경우 대통령 선거와 국회의원 선거가 각 5년, 4년마다 치러짐에 따라 선거 중심의 비상대책위원회 체제 전환이 다소 빈번하게 이루어질 수 있으므로 정당 운영의 안정성과 당 대표직의 정통성에 대한 우려가 존재한다고 볼 수 있다.

더욱이 위에서 살펴본 바와 같이 정당을 대표하는 당 대표는 당직자 인사 및 자금 분배를 포함한 당무 전반에 강한 권한을 가지고 정당을 운영한다. 그렇기에 누가 정당의 대표가 되는가에 따라 정당의 정강·정책·기조는 크게 변화할 수 있으며, 향후 정권 획득이라는 정당의 주요 목적 달성에도 중요한 영향을 미칠 수 있다. 하지만 우리나라 정당의 당 대표들은 막상 보장된 임기를 다 채우지 못하는 상황이다. 이런 상황에서 우리 정당의 당 대표직은 원외 정당의 수장으로서 정당의 안정적 운영을 주도하는 안정적 기능보다는 외부 유명 인사의 리더십을 실험하는 장으로 활용되거나, 고참 정치인의 권력 활용의 기회로 활용된다는 비판에 직면하고 있다.

이와 같이 과연 당 대표 제도가 현재 가지고 있는 상징성과 그에 준하는 막강한 권한에 부합되는 효율적인 원외 정당의 집행 체계로서 기능하고 있는가에 대해서는 신중한 재고가 필요한 시점이다.

## 3. 정당 불신의 원인, 공천

### (1) 공천 규칙은 어떻게 정해지나

우리나라에서 정당이란 "국민의 이익을 위하여 책임 있는 정치적 주장이나 정책을 추진하고 공직선거의 후보자를 추천 또는 지지함으로써 국민의 정치적 의사 형성에 참여함을 목적으로 하는 국민의 자발적 조직"[44]으로 정의된다. 이러한 정당의 후보자 추천 기능은, 정당을 "적법한 선거에서 공직을 획득하여 통치 기구를 통제하고자 하는 사람들의 팀[45]"이라 정의한 다운즈(Downs)의 설명에서 잘 드러난다. 공직선거에서 승리하여 권력을 획득하기 위해서는 반드시 후보자가 필요하다. 정당은 원외 조직을 통해 인적 자원을 발굴하고 좋은 후보자를 결정하는 공천 과정을 거쳐 당선시킴으로써 원내 의석을 확보해야 한다.

하지만 그 중요성에도 불구하고 공천 과정은 정당마다 다르고 규범과 실제 사이의 차이가 존재하여 그 공과를 명확하게 평가하기에는 어려움이 있다. 한국 정당의 최근 20년간 공천 과정은 2002년 대선 이후 국민의 참여를 확대하는 방향으로 변화하였다.[46] 국회의원 선거를 중심으로 주요 정당의 공천 과정 변화를 살펴보면, 2004년 제17대 국회의원 선거는 '상향식 경선'이 적용되는 공천이 본격적으로 시작되었다고 평가할 수 있다.[47] 비록 당시 열린우리당과 한나라당은 공천 과정을 당내외 인사로 구성된 임시 기구에 위임하여 운영하였고, 비경선을 통한 중앙당 지명과 하향식 경선 방식이 주를 이루었으나, 지역 유권자 및 일반 당원이 참여하는 투표를 통해 후보자를 공천하는 상향식 경선 방식을 일부 실시하였다.[48] 그러나 2008년 제18대 국회의원 선거에서는 이전 선거에서 상향식 정당 민주주의가 확대되는 공천 과정이 더 확대될 것이라는 기대와 달리 대부분의 정당이 국민경선제를 실시하지 않은 채 후보자를 공천했다는 평가를 받는다.[49] 한나라당과 통합민주당은 후보자 선출 권한을 당내외 인사로 구성된 공천심사위원회에 위임하여 운영하였고, 두 정당 모두 윤리·도덕적인 기준에 덧붙여 당 정체성과 당 기여도를 강조하면서 객관적인 기준이 아니라는 평가를 받기도 하였다.[50]

2012년 제19대 국회의원 선거에서는 새누리당과 민주통합당 모두 당내외 인사 중심의 공천심사위원회를 통해 공천을 진행하였고, 한나라당은 당원과 일반 국민으로 구성된 선거인단 투표, 민주통합당은 모바일 투표와 현장 투표, 여론조사를 합친 국민경선을 기본 원칙으로 하여 참여의 폭을 넓혔다.[51] 또한, 이전과는 달리 여성의 원내 진출을 돕기 위한 가산점 제도를 마련하였고, 두 정당 모두 현역 의원의 불출마와 낙천 비율이 약 40%에 달해 역대 최대 현역 교체율을 보였다.[52]

한편 2016년 제20대 국회의원 선거에서는 주요 정당들이 심사가 아닌 관리에 주력하는 공천관리위원회를 구성·운영하였고, 새누리당은 '오픈 프라이머리'를, 더불어민주당은 '시스템 공천' 등을 도입하며 공천 제도의 민주화를 위해 노력하였다.[53] 새누리당의 오픈 프라이머리는 100% 상향식 국민 여론조사로 진행되었고, 더불어민주당은 계파 간 정치적 이해관계의 공천 반영을 최소화하고자 평가위원회를 운영하는 공천 제도를 마련하였다.[54]

2020년 제21대 국회의원 선거에서는 공천 과정에서 일반 국민의 참여를 확대하는 방향에서 여론조사를 공천 과정에 일부 반영하였다.[55] 이전 선거와는 달리 준연동형 비례대표제가 시행된 당시 선거에서 더불어민주당과 미래통합당은 비례대표용 위성정당을 창당하여 비례대표 후보자를 별도로 공천하였고, 선출 과정에서 공천관리위원회가 확정한 후보자 명부에 대해 당원 중심의 선거인단이 찬반을 투표하는 정도에 그치면서 다시 공천 과정의 한계를 보였다.[56]

### (2) 국민은 왜 공천을 불신하나

2000년대 이후 한국 정당의 공천 과정은 민주성을 높이기 위해 별도의 공천 심사/관리위원회를 두고, 당원뿐만 아니라 국민의 참여를 제고하는 상향식 공천 방향으로 변화해왔다.

2024년 제22대 국회의원 선거의 경우는 어떠할까. 먼저 정당별로 규칙을 살펴보자. 국민의힘은 공천 신청을 공고하고 접수하는 등의 공천 과정 전체를 주재하는 공천관리위원회를 두고 있으며, 공천관리위원회[57]의 결정 사항에 대해 국민공천배심원단이 후보자의 부적격 여부를 심사하고, 이후 최고위원회의의 의결을 통해 후보자가 확정된다.[58] 공천관리위원회는 부적격 후보자들을 제외하고 서류 심사, 면접 심사, 당무 감사위원회 감사 결과, 윤리위원회 심사 결과, 여론조사 결과, 당 기여도 등을 종합하는 평가 및 자격 심사 기준을 마련하고, 이를 기준으로 후보자들의 자격을 심사하며, 이를 통해 단수 후보자 또는 우선 추천 지역 선정 및 후보자를 추천하는 권한을 가지고 있다. 그리고 심의는 비공개를 원칙으로 한다.

경선이 실시되는 경우, 선거구 유권자 수의 0.5% 이상 또는 1,000명 이상의 책임당원이 선거인단이 되며(정수 미달 시 일반 당원 중 추첨), 선거인단 유효 투표 결과(50%)와 여론조사 결과(50%)를 합산하여 후보자를 결정한다. 공천관리위원회는 단수 후보자를 추천할 수도 있는데, 공천 신청자가 1인이거나, 후보자 1인의 경쟁력이 월등할 경우 등에 있어서 후보자를 단수로 추천할 수 있다. 또한, 역대 선거에서 당 소속 후보자가 한 번도 당선되지 않았거나, 당세가 현저히 약한 지역 등의 경우 공천관리위원회는 해당 지역을 우선 추천 지역으로 선정하여 후보자를 추천할 수 있다. 공천관리위원회의 모든 유형의 후보자 추천이 끝나면 단수·우선추천 공천의 경우 국민공천배심원단의 부적격 심사를 진행한다. 이후 최고위원회의 의결을 통해 지역구 국회의원 후보자를 확정한다.

비례대표 국회의원 후보자 추천의 경우 비례대표 공천위원회[59]에서 공천 신청자 전원에 대해 먼저 공천 배제 대상 심사를 실시한 뒤, 국민

공천배심원단이 면접, 자기 홍보 동영상 심사 등을 통해 후보자를 비례대표 국회의원 정수의 3배수 이내로 압축한다. 이후 다시 비례대표 공천위원회가 최종적으로 후보자 명단과 순번을 정하기 위한 심층 심사를 실시한다. 심층 심사는 성별, 연령, 지역, 직업 등의 국민 대표성 및 전문성, 당 기여도 등을 고려하며, 당세가 약해진 취약 지역의 인재 육성을 위해 직전 비례대표 국회의원 선거 정당 득표율 15% 미만 득표 지역(시·도 단위)에 대해서는 비례대표 우선 추천 지역으로 선정하고 후보자 추천 순위 20위 이내 1/4을 해당 지역 인사로 우선 추천할 수 있다. 심층 심사 후 해당 명단에 대해 국민공천배심원단이 부적격 여부를 심사하며, 최고위원회가 최종적으로 명단을 확정한다. 역시 이 경우에도 심의 과정은 비공개가 원칙이다.

더불어민주당은 후보자 추천 심사 기구로서 예비 후보자 및 후보자의 자격 심사와 도덕성을 검증하는 공직선거후보자검증위원회와 공천 전반에 대한 상황을 관리·감독하는 공직선거후보자추천관리위원회를 둔다.[60] 공천 과정에 있어서 가장 먼저 공직선거후보자검증위원회가 후보자들의 자격 심사 및 도덕성을 검증하고, 공직선거후보자추천관리위원회가 이후 서류 심사, 면접 심사, 여론조사를 통해 정체성(15%), 기여도(10%), 의정 활동 능력(10%), 도덕성(15%), 당선 가능성(40%), 면접(10%)을 종합하여 후보자를 심사한다. 이때, 인재위원회 영입, 최고위원회 의결 인사 심사는 제외된다.

선거구에 후보자 추천 신청자가 1명이거나, 1위 후보자가 2위 후보자와 심사 총점 격차가 30점 이상이거나 여론조사 결과 20% 이상일 때(청년 후보자일 경우 여론조사 결과 10% 이상 기준)에는 단수로 후보자를 추천할 수 있으며, 여성, 청년, 노인, 장애인, 국가유공자, 다문화 이주민, 사무직 당직자, 8년 이상 근무 보좌진 및 당에 특별한 공로가 있는 자에 대하여 10%~25% 내에서, 정치 신인은 10%~25% 내에서 가산될 수 있다. 반대로 선출직 공직자가 선거에 참여하기 위해 본인의 임기를 3/4 이상 마치지 않거나(20%), 경선 불복 경력자(10%), 탈당 경력자(10%), 윤리심판원으로부터 제명 또는 당원 자격 정지 이상의 징계를 받은 자(10% 이하) 등에 대해서는 감산이 이루어진다. 경선이 치러질 경우 국민 참여 경선을 원칙으로 하며, 권리당원 선거인단 ARS 투표(50%)와 안심번호 선거인단 ARS 투표(50%)를 진행한다. 경선 결과는 유효 투표의 결과를 득표율로 환산한 것에 가·감산 기준을 적용하여 최종 득표율이 가장 높은 후보자를 당선인으로 결정한다.

비례대표의 경우 당 대표가 구성한 중앙당 비례대표 국회의원 선거 후보자 추천 관리위원회에서 후보자를 심사하여 그 결과를 당 대표에 추천한다.[61] 해당 위원회는 위원장 포함 15명 이하의 위원으로 구성된다.[62] 당 대표가 상기 위원회로부터 받은 후보자 목록을 당무위원회를 거쳐 순위를 확정하고, 60% 이상을 여성으로 하며, 여성, 청년, 노인, 장애인, 노동 등 전문가를 고르게 안배하도록 정하고 있다.[63] 이러한 비례대표 후보자의 심사 기준은 당의 비전에 부합되는 정체성, 의정 활동 능력, 전문성 등을 기준으로 심사하며 면접, 집단 토론, 국민 공천 심사제 등을 위한 심층 심사를 실시할 수 있다. 또 20대 후보자에게는 30%를 가산하는 규정도 마련되어 있다.[64]

그렇다면 실제 공천 과정은 어떠할까. 위와 같이 두 정당의 당헌, 당규에 공천 관련 규정이 명시되어 있으나, 선거 전 공천관리위원회를 중심으로 추가적인 기준이 마련된다. 국민의힘의 경우 제22대 국회의원 선거를 앞두고 현역 의원 평가에 있어서 당무 감사와 컷오프 조사, 기여도와 면접을 합산해 진행하기로 하였으며, 이를 통해 하위 10%의 현역 의원은 공천에서 원천 배제, 하위 10%~30%는 경선 결과에서 20%의 감점, 같은 지역구에서 세 번 이상 당선된 중진 의원들은 경선 득표율에서 15%를 추가로 감점하는 규정을 마련하였다. 또한, 지역에 따라서 강남 3구를 제외한 서울, 경기, 인천, 충청권 등 자당이 우위를 장담할 수 없는 지역에서는 일반 국민 반영 비율을 80%로 높이겠다고 발표하였다.[65] 더불어민주당의 경우에도 현역 의원에 대해서 평가를 통해 하위 10%는 경선 득표율의 30%를, 하위 10%~20%는 20%를 감산하는 규정을 추가하였다.[66] 또한 국민의힘과 더불어민주당은 국민 추천제를 통해 인재를 영입하는 방식을 도입하기도 하였다.[67]

국민의힘과 더불어민주당 모두 정해진 규정에 따라 공천을 실시하였기에 절차적으로는 공천 과정의 문제가 없다. 하지만 아래와 같은 한계가 존재한다. 첫째, 국민의힘은 공천 과정에서 현역 중진들의 강세가 이어져 혁신이 부족하고, 현 대통령과 관련된 인사들의 경선 통과율이 높다는 점에서 비판받았다.[68] 한편 더불어민주당의 경우 경선 투표결과 공개에 대한 별도의 입장을 확인할 수 없었고, 낙천한 인사들의 정당 비판과 탈당이 이어지는 등 상대적으로 불만이 고조되었다.[69]

둘째, 공천 과정에서의 국민 의사의 반영이 부족하였다. 국민의힘과 더불어민주당 모두 규정상 국민이 공천에 참여할 수 있는 심사 기구가 마련되어 있다. 국민의힘의 국민공천배심원단은 당 대표가 최고위원회의의 의결을 거쳐 무작위로 모집한 일반 국민 35명, 사회 각 분야 전문가 및 당원 대표성을 가진 인사 15명으로 임명하는데, 앞서 살펴보았듯 명시적으로는 공천 과정에 있어서 지역구·비례 후보자의 자격을 심사하는 데에 중요한 역할을 수행한다. 더불어민주당 역시 2020년 2월 당규 개정을 통해 비례대표 국회의원 선거에서 후보자에게 질의 및 토론을 제안하고 추천 투표를 하는 국민공천심사단을 두고, "경제, 외교, 안보 등 위원회가 선출이 어렵다고 판단하여 정한 분야를 제외하고는 국민공천심사단에서 선출"[70]하도록 하고 있다. 더불어민주당의 경우 제21대 국회의원 선거에서 국민공천심사단으로 신청한 일반 국민과 더불어민주당 권리당원으로 구성된 국민공천심사단을 통해 2일간의 온라인 투표를 거쳐 출마할 비례대표 후보자 선정에 실제 반영하기도 하였다.[71] 하지만 국민의힘의 경우 당시 특례 조항을 도입하여 배심원단 구성 공정성 등에 대한 우려로 국민공천배심원단을 운영하지 않았다.[72]

전체적으로 한국 정당들은 선거 상황이나 제도에 따라 일부 부족한 부분이 존재하지만, 형식적으로는 공천 과정의 민주성과 투명성 확보를 위해 노력해왔다. 현재 한국의 주요 두 정당 모두 당헌·당규를 통해 공천의 세부적인 규정을 마련하고 있으며, 매우 구체적으로 명시하여 절차적인 정당성을 확보하고 있다. 하지만 실질적으로 민주적인 공천이 이루어지고 있는지에 대해서는 의문이다. 국민의힘의 경우 명시된 국민공천배심원단의 운영이 제21대 국회의원 선거부터 이루어지지 않고 있고, 심의 과정 역시 비공개가 원칙이므로 어떠한 과정을 통해 결정되었는지 알 수가 없다. 더불어민주당 역시 평가 기준을 세세히 마련하고 있으나 정체성, 기여도 등의 추상적인 항목이 평가에 포함되어 있어 어떻게 평가되는지 명확하지 않으며, 공천 과정에서 일부 의원의 탈당 등 후보자들의 반발이 제기되기도 했다.

공천은 국민을 대표할 수 있는 인재를 정당이라는 매개체를 통해 발굴해내는 중요한 과정이다. 따라서 무엇보다 투명하고 명확한 기준이 마련되어야 하며, 이러한 기준은 모든 당원, 더 나아가 국민이 납득할 수 있는 수준이 되어야 한다. 하지만 현재 우리 정당의 공천 과정은 국민의 정치 불신을 강화하는 주요 원인으로 작용하고 있다.

## 4. 우리의 세금, 정당보조금

### (1) 정당 자금은 어떻게 충당되나

한국의 정당은 어떠한 재정적인 기반을 통해 움직이는가. 정치자금의 종류는 정치자금법 제3조에 따라 당비, 후원금, 기탁금, 보조금, 그 외 부대수입 등으로 구분된다. 우선 당비는 정당이 소속 당원으로부터 받는 것으로,[73] 금액은 정당마다 차이가 있지만 대체로 월 기준 1,000원 이상의 당비를 규정하고 있다.[74]

후원금은 "정치자금의 기부를 목적으로 설립·운영되는 단체로서 관할 선거관리위원회에 등록된 단체"인 후원회에 "기부하는 금전이나 유가증권 그 밖의 물건"으로[75] 누구든지 하나 이상의 후원회 회원이 될 수 있는데, 후원회에 등록된 회원만 후원할 수 있으며 기부할 수 있는 후원금은 총 연 2,000만 원을 초과할 수 없다.[76, 77]

기탁금은 "정치자금을 정당에 기부하고자 하는 개인이 이 법의 규정에 의하여 선거관리위원회에 기탁하는 금전이나 유가증권, 그 밖의 물건"이며,[78] 1회당 1만 원 이상~연 1억 원 이하(전년도 소득의 5/100 중 다액 이하)로 개별 후원회가 아니라 각급의 선거관리위원회에 기탁하는 것을 말한다.[79, 80]

마지막으로 국가가 정당에 지급하는 국고보조금이 있다. 국고보조금은 오늘날 당원의 당비로만 정당의 운영을 원활하게 수행할 수 없는 정당의 재정에 큰 부분을 차지하고 있으며, 이러한 보조금은 매년 최근 실시했던 국회의원 선거의 선거권자 총수에 보조금 계상단가를 곱해 정당에 지급되는 '경상보조금'과 공직선거가 있는 해마다 선거의 선거권자 총수에 보조금 계상단가를 곱해 지급되는 '선거보조금', 최근 실시한 국회의원 선거에서 일정 비율의 여성 후보자를 추천한 정당에 지급되는 '공직 후보자 여성 추천 보조금', 그리고 일정 비율 장애인 후보자를 추천한 정당에 지급되는 '공직 후보자 장애인 추천 보조금'으로 나뉜다.[81]

2020년 정당에 지급된 경상보조금은 약 456억 원이었고, 선거보조금은 여성·장애인 추천 보조금을 포함하여 약 452억 원에 달했으며, 전체 정당별 국고보조금 지급액은 약 907억 원 상당이었다.[82] 이는 2020년 국가 전체 국고보조금 예산 1조 4,413억 원[83] 중 6.3%에 해당하는 금액으로 선거가 없었던 2019년과 비교했을 때 2.1배에 달하는 수준이다. 대통령 선거와 지방선거가 동시에 치러졌던 2022년은 국고보조금 총지급액이 약 1,420억 원으로 선거가 없었던 2023년의 국고보조금 약 472억 원의 3배에 달하여,[84] 선거 여부에 따라 매년 정당에 지급되는 국고보조금은 상당히 차이를 보이는 것으로 나타났다.

정당별로 주요 수입의 비중을 살펴보면, 2022년 더불어민주당과 국민의힘의 부대수입 등을 제외한 정당 총수입에서 국고보조금이 차지하는 비율은 더불어민주당 43.9%, 국민의힘 53.2%로 높은 수준인 것을 알 수 있다. 이러한 수치는 선거가 있는 해에 선거보조금이 지급되면서 그 비중이 더욱 증가하는데, 실제 제21대 국회의원 선거가 치러졌던 2020년의 경우, 더불어민주당과 국민의힘의 국고보조금은 각각 50.6%, 71.1%로 가장 큰 비중을 차지하며, 대통령 선거와 지방선거가 동시에 치러진 2022년보다 국고보조금의 비율이 더 증가한 것으로 나타났다. 한편 재·보궐 선거가 치러졌던 2019년과 2021년의 경우, 국민의힘(이전 자유한국당)은 여전히 국고보조금이 가장 큰 수입이었던 반면, 더불어민주당은 오히려 당비가 각각 전체 수입의 57.1%, 56.6%로 가장 많았던 것으로 나타나 당해 치러진 선거 유형에 따라서도 수입 비중의 차이가 나타나고 있는 것을 알 수 있다.

이러한 정당에 대한 국고보조금 제도는 1980년 10월 제5공화국 헌법 제7조 제3항에서 정당의 운영에 필요한 자금을 국가가 보조할 수 있다는 헌법 규정이 생겨난 뒤, 1980년 12월 정치자금에 관한 법률이 전부 개정되면서 보조금에 관한 조항이 신설·도입되었다. 당시 해당 법

**[표 3] 2022년 주요 정당의 수입**

(단위: 100만 원)

| | 당비 | 기탁금 | 국고 보조금 | 후원금 | | | 총액 |
|---|---|---|---|---|---|---|---|
| | | | | 중앙당 후원회 | 국회의원 후원회 | 소계 | |
| 더불어민주당 | 52,588 | 164 | 68,463 | 453 | 34,159 | 34,612 | 155,827 |
| 국민의힘 | 29,031 | 141 | 60,287 | 1,764 | 22,034 | 23,798 | 113,257 |

출처: 중앙선거관리위원회. 2023. 「2022년도 정당의 활동 개황」.

안은 선거법 등 정치 관계법 특별위원장이 제출하였는데, 의안 원문에는 헌법 제7조 제3항에 따라 국가가 정당의 운영에 필요한 비용을 보조할 수 있게 됨에 따라 모든 정치자금의 적정한 제공을 보장하기 위하여 이 법을 제안한다고 서술되어 있다.[85]

해외의 정당들은 어떻게 재원을 마련하고 운영할까. 영국의 주요 정당들은 주로 기업이나 단체에 의한 고액 기부금에 80% 이상 재정적으로 의존하고 있으며, 국가의 국고보조금은 12.7%에 불과하다.[86] 미국 정당은 모든 정치자금을 정당 및 후보자 등을 위해 활동하는 정치 활동위원회에서 모금되는 정치기부금과 같은 민간부문에 의존하고,[87] 프랑스는 국고보조금과 당비를 중심으로 정당을 운영한다.[88] 독일 정당의 주요 수입원 역시 국고보조금, 정당후원회 기부금, 당비이며,[89] 일본 정당도 당비, 기부금, 정당교부금을 중심으로 운영되고 있다.[90]

국고보조금의 경우 국가마다 지급 여부가 다르지만, 미국을 제외한 상당수의 국가가 정당에 국고보조금을 지급한다.[91] 영국은 국가가 정책 개발 및 연구 또는 선거비용 보전에 사용되는 정책 개발 보조금을 하원에서 의석을 획득한 정당에 배분·지급하고,[92] 프랑스는 하원 선거 결과에 따라 정당에 자금을 지원하고 있다.[93] 그 밖에도 독일, 일본, 스페인, 스웨덴, 캐나다 등이 정당에 국고보조금을 지급하고 있다.

### (2) 국고보조금, 이대로 괜찮은가

앞서 살펴보았듯 해외 여러 국가가 국고보조금을 정당에 배분·지급하고 있으나, 한국의 경우 민주주의하에서 정당이 활동한 초기부터 국가가 정당 운영 비용을 보조해왔기에 정당의 재정에서 국고보조금

비중이 크다. 정당 국고보조금 도입의 취지는 모든 정당에 정치자금의 적정한 제공을 보장하기 위한 것이었다. 그럼에도 불구하고 현행 국고보조금 제도는 다음과 같은 문제점을 가지고 있다.

첫째, 정당에 국고보조금이 지나치게 많이 배분되고 있으며, 배분 방식이 거대 정당 중심으로 이루어지고 있다. 특히 국고보조금이 경상보조금, 선거보조금 등 다양하게 지급됨에 따라 정당 운영뿐만 아니라 선거 참여까지도 국가 재정으로 충당하고 있는 상황이다. 실제 정당에 대한 선거보조금은 1991년 12월 10일 김윤환 의원 등 8인 외 211인의 제안으로 신설된 내용으로, 당시 본회의 회의록을 보면 선거 공영제를 확대하기 위해 선거마다 선거보조금을 추가 지급한다는 내용이 담겨 있다. 즉, 선거운동의 기회 균등을 보장하려는 조치 중 하나로 선거보조금을 지급하게 된 것이다. 하지만 당시 선거보조금을 추가로 지급하면 이전과는 달리 약 4배에 이르는 국고보조가 증가한다는 우려도 함께 제기되면서[94] 비용에 대한 우려가 존재하였다.

또한, 국고보조금 배분 비율도 거대 정당 중심으로 이뤄지고 있다. 국고보조금의 배분 비율은 지급 당시 교섭단체를 구성한 정당에 대해 보조금의 50% 내에서 균등하게 분할해 배분·지급하고, 교섭단체를 이루지 못했으나 5석 이상의 의석을 가진 정당에는 5%의 보조금을 지급한다.[95] 의석이 없거나 5석 미만의 의석을 가진 정당 중 가장 최근 실시한 국회의원 선거에서 2% 이상의 득표율을 기록한 정당, 혹은 2% 이상은 획득하지 못했으나 의석을 가진 정당의 경우 최근 지방선거에서 득표율이 0.5% 이상이거나, 최근 국회의원 선거에 참여하지 않았으나 지방선거에서 2% 이상의 득표율을 기록한 정당에는 2%씩, 그리고 나머지 잔여분 중 50%는 지급 당시 국회 의석을 가진 정당에 의석수 비율에 따라 배분·지급하고, 그 외 잔여분은 국회의원 선거 득표율에 따라 배분·지급하게 되어 있다. 먼저 50%가 교섭단체를 구성한 정당에 배분되고, 그 나머지 잔여분 역시 의석률, 이전 국회의원 선거에서의 득표율에 따라 배분하고 있다는 점에서 정당 간 재정 격차가 커질 수밖에 없다.

둘째, 국고보조금이 본 제도의 취지에 맞게 적절히 배분·활용되지 않을 수 있다는 우려가 있다. 이러한 우려는 세 가지로 구분해볼 수 있는데, 우선 활동하지 않는 정당에 대한 국고의 낭비가 이루어질 수 있다. 제21대 국회의원 선거부터 한국의 선거 제도에 준연동형 비례대표제가 적용됨에 따라 다수의 비례대표 의원을 당선시키기 위해 지역구 의원을 출마시키지 않는 '비례 위성정당(이하 위성정당)'이 등장하게 되었다. 이러한 위성정당은 선거 직전에 생겨난 뒤, 선거 후 모(母) 정당으로 합당되어왔는데, 문제는 해당 정당이 국회의원 선거에 참여함에 따라 선거보조금을 받고 모 정당으로 합당되면서 모 정당이 추가로 선거보조금을 받고 있다는 점이다. 만약 준연동형 비례대표제가 위성정당 없이 치러졌다면, 위성정당이 받는 국고보조금은 모 정당의 의석수와 더불어 줄어들었을 비용으로 볼 수 있어 위성정당으로 인해 더 많은 국고보조금을 받았을 뿐만 아니라, 애초에 국민의 자발적 조직으로 활동하는 정당의 "적정한 정치자금을 보장"하기 위해 지급되는 국고보조금의 의미가 퇴색되고 있는 것으로 보인다.

정당의 국고보조금 활용에 대한 감사가 부실하다는 평가도 존재한다. 정당은 국고보조금 활용의 세부 내용에 대해서 중앙선거관리위원회에 회계 보고를 해야 하지만, 제대로 보고가 이루어지지 않고 있으며 감사원의 감사도 받지 않아 자금의 흐름이 투명하지 않다는 의견이 존재한다. 예컨대 2004년 여성 추천 보조금이 도입된 이래, 특정 정당이 정치자금법 기준보다 많은 여성 후보를 내면서 모든 정당 중 유일하게 여성 추천 보조금 전액을 받은 사례가 있다.[96] 하지만 현재 해당 국고보조금 사용처의 세부 내용을 확인할 수 없다.

마지막으로 경상보조금 지급 시기에 맞추어 정당이 생겨나 보조금을 받았으나 본래의 조건과는 다른 상황에 놓여 제대로 지급이 이루어지지 않을 수 있다. 국고보조금의 지급은 중앙선거관리위원회가 경상보조금을 2월, 5월, 8월, 11월의 15일에 각각 지급하도록 하고 있는데,[97] 2024년 제22대 국회의원 선거는 제1분기인 2월 15일에 경상보조금을 지급받은 후인 4월 10일에 치러졌다. 이 과정에서 신생 정당이었던 개혁신당이 국고보조금 관련 난항을 겪었다. 개혁신당은 2024년 2월 9일 또 다른 신생 정당인 새로운미래와 합당을 선언했다. 개혁신당은 국고보조금이 지급되는 2월 15일 6억 6,000여 만 원의 경상보조금을 받았다. 하지만 보조금을 받고 5일 뒤인 20일 개혁신당과 새로운미래가 합당을 파기함에 따라 경상보조금 배분 기준을 충족시키지 못하는 상황이 발생하였다. 이에 개혁신당은 중앙선관위 측에 경상보조금을 반환하거나 기부하겠다는 방침을 정했으나, 중앙선관위는 관련 규정이 없어 처리하지 못했고 이에 대해 제도적 장치를 마련하는 것이 필요하다는 의견을 내기도 하였다.[98] 개혁신당은 추후 국고보조금 반환 관련 법안을 발의하여 반납하겠다는 의사를 표명했다.[99]

그렇다면 이와 같은 문제를 해결할 방안은 무엇일까. 우선 국고보조금 배분에 있어서 경상보조금과 선거보조금의 조정이 필요해 보인다.

현재는 선거가 있는 시기와 없는 시기 간에 국고보조금은 약 2배 이상 차이다. 선거를 치르기 위해 상당한 비용이 필요한 것은 맞지만, 선거보조금과 더불어 분기별 경상보조금까지 추가로 지급되는 것은 배분 원리의 일관성을 훼손할 여지가 있다. 국고보조금은 국민의 세금으로 제공되는 만큼 국민이 납득할 수 있는 원칙하에 배분되어야 한다. 이에 최소한 선거가 치러지는 시기에 경상보조금 중복으로 인해 과지급되지 않도록 세목 조정을 통해 국고보조금 지원 범위를 재정립할 필요가 있다.

다음으로 거대 정당에 편중된 현행 국고보조금 배분 방식을 조정할 필요가 있다. 현재는 교섭단체를 구성한 정당 중심으로 국고보조금이 우선 배분되고 있어 군소정당과의 재정적 격차가 줄어들기 힘든 상황이다. 이에 봉쇄 조항과 같이 득표율에서 최소 요건을 충족한 정당들을 대상으로 득표율 중심의 국고보조금 배분을 고려해야 할 것이다. 만약 이러한 방식이 적용된다면, 제21대 국회의원 선거에서 5% 이상 정당득표율을 획득한 정의당, 국민의당, 열린민주당에 2020년 당시 지급받았던 국고보조금보다 약 3%~6% 정도 더 지급될 수 있었을 것으로 보이며 거대 양당의 독주로 인한 입법 파행을 줄이고 제3정당이 중재자로서 의회 내에서 제 역할을 하는 데 도움이 될 수 있을 것으로 생각된다.

무엇보다 정당의 국고보조금에 대한 투명성 강화 방안이 모색되어야 한다. 위성정당이 받게 되는 선거보조금이나, 일부 정당이 본래 제도의 도입 목적과는 다르게 활용하는 보조금 등의 문제는 감사 제도 도입 등 투명성 강화의 제도를 마련해야만 해결될 수 있을 것이다. 영국은 정당으로부터 지출과 관련하여 지출 내용, 사용 용도, 금액 등 상세 내역을 선거위원회에 보고하게 하고 있으며 각 정당으로부터 모금 내역과 구체적인 지출 내역을 받아 선거위원회 홈페이지에 상시 공개하고 있다.[100] 미국은 정당이 연방선거위원회에 모든 수입과 지출을 기록·보고해야 하며,[101] 이를 홈페이지에 게시하고 있으며, 모든 보고서에 대해 열람과 사본 교부도 가능하다.[102] 프랑스는 선거운동 회계 보고 및 정치자금 국가위원회[103]에 정당이 공인회계사의 감사를 거친 정치자금 수입, 지출 내역 회계 보고서를 매년 제출하고,[104] 홈페이지에 회계 보고서 요약본을 상시 공개하고 있으며. 일본도 정당교부금의 경우 공인회계사의 감사 보고서를 받고, 3년간 열람할 수 있게 되어 있다.[105] 한국 역시 정당이 수입·지출의 상세 내역을 중앙선거관리위원회에 연 1회 회계 보고하고, 자체적으로 감사를 수행하며, 공인회계사의 감사 의견서를 제출해야 한다는 규정이 존재한다.[106] 하지만 상세 내역의 경우 3개월간만 관할 선관위에 직접 방문하여야 볼 수 있고, 선거비용도 중앙선관위 홈페이지에서 열람 기간에만 공개되고 있어[107] 유권자의 상시 열람은 쉽지 않다. 열람 기간 확대와 자체 감사에서 더 나아가 공식적이고 독립적인 회계 감사 기관으로부터의 정기적인 감사 제도화 등 정당의 국고보조금 활용에 대한 투명성을 강화해야 할 것이다.

마지막으로 정당의 이합집산이 빈번한 한국 실정을 반영한 국고보조금의 반환을 포함하는 총체적인 재검토가 이루어져야 한다. 국고보조금의 요건이 지급 시기에만 잠깐 충족되어 국고보조금이 지급되었을 경우 이를 해결할 제도적 방안이 현재는 미비하다. 위성정당의 경우에도 정당 본래의 활동이 아니라 선거를 위해 일시적으로 창당된 형태라면 이에 대한 선거보조금 지급도 제재가 필요할 것이다. 따라서 국고보조금을 받기 위해서는 지급 요건의 일정 기간 충족, 정당의 활동 목적

등이 국고보조금 지급 취지에 부합하는지 등 단지 수치적인 요건만이 아닌 보다 질적인 국고보조금 배분 방식의 도입이 이루어져야 할 것이다. 덧붙여 이러한 요건을 충족하지 못하거나 지급 이후 요건이 사라졌을 경우 국고보조금을 반환하는 규정도 마련하여 제도적인 미비점을 보완해야 한다.

* * *

이러한 문제점들로 인하여 오늘날 원외 정당 조직은 당내 민주주의의 실현이 아니라 정치적인 불신을 야기하여 유권자들에게 실망감과 회의감을 증폭시키고 있다. 이 장에서 세부적으로 살펴본 원외 정당 조직에서 나타난 문제점과 이러한 현실적인 한계를 극복하기 위하여 다음과 같은 몇 가지 제도적 개선안을 제안한다.

첫째, 원외 정당 조직의 구조적인 측면에서 하부 조직의 활동에 실질적 제약이 존재하여 풀뿌리 민주주의 실현이 어려운 상황이다. 실제로 원외 정당 조직에서 활동하는 당원의 수가 명확하지 않고 이들을 대변하는 대의원조차 극소수에 불과하며, 당원의 기본 활동 조직인 당원협의회/지역협의회는 별도의 사무소를 둘 수 없고 정치자금 활용도 쉽지 않아 활동에 어려움을 가지고 있다. 이는 정당의 하부 조직이 결국 중앙당에 의존할 수밖에 없게 만들어 중앙집권적 정당 운영이 더욱 공고화되는 구조적인 문제를 야기한다. 정당의 풀뿌리 연계를 확보하고 지역 인재의 발굴 및 중앙당 중심 정당 정치의 한계를 극복하기 위해서 지구당 조직 체계 재건을 제안한다. 과거 지구당은 '돈 먹는 하마'라는 오명으로 폐지되었으나, 이후 현실적으로 지역 단위 정당 조직의 불가피성과 파행적인 지역 조직 운영으로 인한 원외 정당의 주요 기능 약화 문제가 나타나고 있다. 지구당이 아닌 다른 이름으로 불리더라도, 국민과 정당을 이어줄 수 있는 지역 단위 정당 조직의 부활과 이러한 조직에서 실질적인 당원 관리가 이루어져야 한다.

또한, 민주주의 실행 주체인 민주 시민의 양성이 정당의 필수적인 기능임에도 불구하고 그간 정당의 시민 교육은 정치적 편향성을 이유로 적극적으로 이루어지지 못했다. 독일은 정당과 밀접한 정치 재단이 정치 교육을 수행하고 있으며, 스웨덴은 지역 차원에서 다양한 정치 교육을 위해 공교육과의 긴밀한 협조 체제를 이루고 있다.[108] 우리나라도 필요하다면 정당의 지역 단위 조직(가칭 지구당)에서 기본 교본에 입각한 교육 과정을 운영하고 민주 시민 교육, 당원 교육을 주 업무로 수행하여 민주주의의 풀뿌리 토대를 공고히 하고 미래 정치 인재 양성 기능을 활성화하는 방안이 실현되도록 해야 한다.

둘째, 현재 한국 정당의 당 대표는 타 국가에 비해 후보자 공천, 자금 분배, 당직 배분 등에서 막강한 권한을 발휘하고 있으며, 권한에 버금가는 중요성에도 불구하고 빈번한 비상대책위원회 구성과 외부 인사 영입에 의한 비상대책위원장 임명 등으로 인해 원외 정당의 수장이라는 역할을 충분히 수행하기 어려운 상황이다. 우리나라 정당의 국회 속의 정책 기능을 제고하고 당내 민주주의를 실현하기 위해서는, 원내대표와 균형 있는 수준의 원외 대표가 될 수 있도록 당 대표의 권한을 보다 분권화하는 등의 대범한 개혁 방안을 고민해볼 필요가 있다. 예컨대, 당 대표의 직급을 최고위원회 위원장으로 조정해 집단 지도 체계에 의한 정당 운영 체계 전환을 시도하는 방안이 고려될 수 있다. 이는 정당 지도부의 안정성을 확보하면서 당 대표의 권한 남용을 방지하는 효과를 가져올 수 있을 것이다. 물론 정당 조직이 선거를 중심으로 유연하게 활동하는 운동성을 가지고 있어야 한다는 점에서 선거관리를 위한 직책도 필요할 것이다. 이에 이원화 체계를 통해 원내대표와 최고위원장의 권한과 위상의 균형을 맞추면서 선거 시 선거총괄위원장(가칭)을 병립해 권한과 역할을 분권화함으로써, 의원 자율성 증진을 통해 의정 활동의 효율성을 높임과 동시에 원외 정당의 예측성 있는 일상적 운영과 선거에 응대하는 역동적 변화를 함께 도모할 수 있을 것이다.

셋째, 원외 정당 조직의 가장 중요한 역할 중 하나인 후보자 공천 과정에 대하여 규정이 정리되어 있지만 실제로 명시되어 있는 내부 조직이 운영되지 않거나, 추상적인 평가 항목을 두고 있는 등의 문제를 보였다. 또한, 상향식 공천으로 진화되어오던 과정이 다시 당 중앙 중심의 공천으로 변화하면서 국민의 실망감이 더해지고 있으며, 공천 규정이 지도부와 공천 관리 조직의 구성에 따라 다소 추가·변화되기도 하고, 컷오프, 전략 공천, 단수 추천 등으로 예비 후보자들과 일반 당원들의 반발이 빈번해짐에 따라 국민의 공천에 대한 불신이 증가하고 있다. 이에 공천 과정의 개방성과 투명성이 더욱 확보되어야 한다. 공천 기준이 쉽게 변화하지 않도록 일정 기간을 규정으로 명시해 공천 기준을 마련·확정하는 공천의 제도화도 절실하다. 아울러 현재 비공개인 공천 심사 과정에 대해 후보자들의 자격 심사, 경선 결과 등의 점수를 공개하고, 유튜브 등의 온라인 플랫폼을 통해 공천위원회 심사 과정을 생중계하는 등 정당에 대한 신뢰를 제고할 방안을 모색·도입할 필요가 있다.

넷째, 정치자금 배분 형평성을 증진하기 위해 도입된 정당에 대한 국고보조금 지급 제도가 거대 정당 중심의 편중성으로 인해 정당 간 재정 격차를 가중하고 있으며, 선거보조금이 추가로 지급됨에 따라 선거가 있는 해에 국고보조금 지급 비율이 매우 높게 나타나고 있다. 또한, 정당의 수입·지출 내역을 포함해 자금 흐름을 추적할 수 있는 감사 제도의 취약성, 정당의 이합집산으로 인한 국고보조금 문제 등 그 본연의 취지와는 다른 부작용이 나타나고 있다. 이를 해결하기 위하여 경상보조금 중복으로 인해 국민의 세금이 정당에 과지급되지 않도록 선거가 치러지는 시기에 세목을 조정하여 국고보조금 지원 범위를 재정립해야 한다. 또한, 현행 국고보조금 제도 분배 방식을 거대 정당 중심에서 득표율 중심으로 전환하는 방안과 정당의 국고보조금 활용 내역을 추적할 수 있는 엄정한 감사 체계 마련, 국고보조금 반환 제도의 신설 등 국고보조금 제도 전반에 대한 보다 면밀한 검토가 필요한 시점이다.

정당은 국민의 정치적 의사를 대변하여 실제 정부 운영과 정책 수립에 관여할 수 있는 매우 중요하고 기초적인 조직이다. 여기에서 제안한 내용은 저자들이 고심하며 심도 있게 진행한 토론을 거쳐 제기된 대안 중 일부를 기록한 것이다. 그간 원외 정당의 개혁에 대해서는 많은 논의가 있었지만 실현되지 못했다. 또한, 정당이라는 조직의 유연성과 자율성을 고려할 때 사실상 정답을 찾기 어렵다는 한계도 분명 존재한다. 하지만 이 글에서는 그간의 여러 가지 제안을 바탕으로 기존 틀에서 벗어나는 생각의 전환을 가져올 수 있을 것으로 기대되는 몇 가지의 바람을 열거했다. 이러한 제안이 새로운 원외 정당 개혁 논의의 시작점이 될 수 있기를 기대한다.

## 제2부

# 미래 정당의 주제

## 제2부

# 머리글

**곽진영**
건국대학교 정치외교학과 교수

제2부는 그간 정당 정치의 현안을 담은 저술들이 포함하지 못했던 새로운 주제를 다루고 있다. 먼저 '제1장 정당 속의 소수자'는 기성 정당의 소수자 포용의 문제는 간혹 논의되고 있으나, '소수자 정당'의 등장에 대한 논의는 부족하다는 점에서 다루게 되었다. 정당 정치의 미래를 떠올릴 때 소수자 포용의 문제는 그 중요성이 강화될 것으로 예측된다. 우리 사회의 소수자로 정의되는 사회 구성원은 점차 다양화되고 있으며, 그 개념도 변화하고 있다. 이 책에서는 소수자 정당의 제도권 정치 진입의 문제와 기존 정당 체계에서 소수자 포용의 문제를 함께 다루었다.

'제2장 세계 속의 정당'은 정당의 국제 활동을 다루고 있는데, 아직까지 소외되어 있는 주제이지만 미래 정당의 가치를 논의할 때 중요한 주제라는 점에서 포함되었다. 정당이 국내 대권 경쟁에만 몰두해 있는 블랙홀에서 빠져나와 세계 정당과의 교류를 통해서 상호 교본으로 영향을 주고받을 수 있으리라는 기대로부터 비롯되어, 국제 연대 활동을 통한 공공재 산출이 얼마나 가능할 수 있을지 탐색하고자 하였다.

'제3장 AI 시대의 정당'은 이미 우리 생활에 많이 개입하고 있는 인공지능이라는 도구가 정당 정치에서 긍정적으로 활용될 가능성은 어디까지인지, 그리고 이와 함께 생각해야 할 보다 근본적인 미래의 대안적 민주주의 모델은 무엇인지에 대한 고민을 공유하고자 채택하였다.

'제1장 정당 속의 소수자'은 다수결 원칙이 지배적인 운영 원리로 작동하는 민주주의의 근본적 한계를 교정하고 성숙한 민주주의를 이루기 위해서, 소수자가 다수자와 함께 정치 공동체의 구성원으로서 자원 배분 과정에 참여하고 스스로 대표하도록 하는 것이 필요하다는 주장으로부터 시작한다. 무엇보다 소수자들이 직접 만드는 정당 정치를 위해서 정당의 설립과 운영 과정의 진입장벽을 낮추는 제도 개혁과 재정적 지원 강화가 필요하다고 설명한다.

기존 정당이 소수자를 포용하기 위해서는 측정 없이 다양성 관리가 잘될 수는 없다는 점에서 체계적인 다양성 관리 환경을 구축해야 하며, 누구나 당원이 될 수 있게 하여 정치 참여 권리를 보다 폭넓게 보장하는 등 소수자를 대표하는 '수'의 증가와 '질'의 향상이 함께 이루어져야 한다는 점을 상세히 지적하고 있다. 또한, 기존 정당들의 온라인 활동도 소수자 포용적인 관점에서 더 활성화할 것을 제안한다.

'제2장 세계 속의 정당'은 탐색적 수준에서 그간 세계 정당의 국제 연대와 국제 활동에 초점을 맞춰 소개하고 있다. 정당의 국제 활동과 국제 연대는 역사가 제법 오래되었으며, 한국 정당들도 제한적이지만 활동에 참여해왔다. 저자는 정당의 국제 연대 조직은 지역별로 하부 조직이 구성되어 있으며, 전 세계적 이슈뿐 아니라 특정 국가 정당의 지역 내 이슈에 대해서도 활발하게 논의하고 있다고 소개한다. 아울러 한국 정당도 자신이 추구하는 방향과 일치하거나 유사한 방향을 추구하는 정당의 국제 연대 조직에 회원으로 가입하고 그 지향하는 바를 국내 이슈에도 반영하고 국제적으로 확산할 필요가 있음을 지적하고 있다.

국제사회는 한국의 민주주의를 성공적인 사례로 평가하며 한국의 민주화 경험이 전 세계 민주주의 확산에 기여할 수 있으리라 기대하고 있다. 저자는 정당의 국제화 활동을 위해 우리 정당도 민주 시민 교육을 통한 평화와 자유, 정의를 증진하는 것을 목표로 재단이나 기구를 수립할 필요가 있음을 지적하면서, 국제사회의 민주주의 확산과 심화에 기여할 기회를 갖는 것이 우리의 민주주의 수준을 향상하는 길이라고 설명하고 있다. 우리 민주주의 경험을 공유하고 대상국 정당의 필요에 맞춘 프로그램을 개발하는 과정에서 우리 정당도 우리의 민주주의 현실을 다시 바라볼 기회를 얻을 수 있기 때문이다.

'제3장 AI 시대의 정당'은 AI 정당이 어떠한 모습으로 운영되는지, AI 정당의 장단점은 무엇인지 그리고 현실적으로 한국 정치에서 AI 정당이 등장한다면, 정치 과정에 어떠한 변화가 나타나고, 위협 요인은 무엇인지 분석한다. 먼저 저자는 AI 정당이 절차적 정통성 강화에 도움이 되며, 기본적인 인권, 언론·이동·결사 자유 등의 확장에도 긍정적으로 작용한다고 설명한다. 특히 정치적 양극화·빈부 격차가 확대되는 상황에서 AI 정당은 정치적 소수자·경제적 약자의 권리 확대에도 유용한 수단이 될 수 있다. 한편, 평등적 민주주의 관점에서 본다면, AI 정당은 청년, 여성, 고령자, 장애인 등 모든 구성원이 평등하게 참여할 수 있도록 AI 에이전트가 지원하는 등 인간이 다른 사람과 관계를 평등하게 설정하는 데 도움이 된다. 한편 저자는 AI 정당의 학습 데이터가 가지는 편향성 때문에 정치적 유불리가 발생할 수 있음을 지적하면서, 한국 정치의 현실을 고려할 때, 보수 진영에 유리하게 운영될 가능성도 배제하기 어렵다고 진단한다.

무엇보다 저자는 AI 정당이 제도적으로 정착하기 위해서는 AI 에이전트가 수행하는 정책적 신뢰성 제고, 개별 유권자의 의사 반영에 필요한 사회적 합의, 알고리즘의 유효성 등도 중요한 쟁점이며, 현실적으로 AI 정당 운영에 필요한 선거, 정당과 제도 개정뿐만 아니라 새로운 규칙이나 합의 마련이 필요하다는 점을 지적하고 있다. 구체적으로는 AI 정당에서 유권자·당원의 역할이 근본적으로 변화한다. 기존 대의제 민주주의에서 유권자는 참여를 위한 정보 수집, 분석, 정당의 정책 평가 등 역할을 담당하였으나, AI 정당에서 유권자는 AI 에이전트가 작성한 방안에 대한 평가 및 최종 결정자, 그리고 정치적 결과에 대해 책임을 지는 역할로 변화한다는 것이다.

제2부는 정당 저서에서 잘 다루지 않는 세 가지의 새로운 주제로

구성되었다. 따라서 다소 생소하고 이해하기 어려울 수 있다. 혹은 당장은 체감되지 못하는 비현실적인 이야기로 들릴 수도 있다. 그러나 이 세 가지 주제는 그리 먼 미래의 이야기가 아니다. 내용에서 제시된 것처럼 이미 정당 정치에 반영되고 있는 부분으로, 그 주제의 적실성을 논하기보다는 자연스러운 변화의 흐름으로 이해하는 것이 더 적절할 것이다. 이 글을 통해서 답답하기만 했던 정당 정치의 현실에서 빚어진 편견을 넘어 새로운 변화에 부응하는 미래 정당의 길을 엿볼 기회가 제공되기를 기대한다.

제1장

# 정당 속의 소수자

정회옥
명지대학교 정치외교학과 교수

다수에 의한 지배를 기본 속성으로 하는 민주주의는 소수자[1]의 배제를 가져오는 한계를 가진다. 따라서 자유민주주의 사회에서 다수의 지배가 진정으로 정당화되기 위해서는 소수자의 보호가 반드시 전제되어야 한다. 사회적 약자인 소수자 역시 인간으로서 존엄성과 가치를 지니고 행복을 추구할 권리를 가진 기본권의 주체이기 때문이다. 즉, 국가가 소수자에 대해 기본권 보장의 의무를 다하는 것은 자유민주주의의 충분조건이자 전제조건이다.[2]

민주주의의 핵심적 기관인 정당 역시 소수자의 정치 참여와 대표성 강화를 위해 노력할 책무가 있다. 정당은 소수자를 위한 다양성이 존재하는 정치 생태계 기반을 조성하고, 정치 참여를 원하는 소수자들을 위해 진입장벽을 완화해야 하며, 또한 소수자들의 목소리가 정치 과정에 반영될 수 있도록 하여 소수자 대표성이 실천되도록 해야 한다. 그렇게 되었을 때 비로써 다양성, 형평성, 그리고 포용성(Diversity, Equity, Inclusion, 이후 DEI)이 존재하는 진정한 정당 민주주의가 실현될 수 있다.

다양성, 형평성, 그리고 포용성을 뜻하는 DEI는 이미 세계적으로 주요 아젠다로 자리 잡았다. 많은 기업에서는 DEI를 기치로 내걸고 다양성을 의도적으로 확대하고 다양한 인력이 일하기 좋은 비즈니스 환경을 만들기 위해 노력하고 있다. 경영 환경이 좋아질 때를 기다리지 않고 선제적으로 소수자의 권리를 보장함으로써 다양성을 확대하고 포용성을 강화하려고 노력하는 것이다.

다양성의 확대가 중장기적으로 이득을 가져온다는 것도 여러 연구를 통해서 밝혀진 바 있다. 즉, 소수자 보호 장치의 확립을 통한 다양성 확보는 올바르기 때문에 해야 하는 것만이 아니라 우리 사회에 혜택과 성과를 창출할 수 있기 때문에도 해야 한다.

다양한 경험을 가진 사람들이 모여 있으면 관점의 폭이 넓어져 사각지대가 줄어들고 더 효율적인 일 처리가 가능하다. 엘라 F. 워싱턴은 『다정한 조직이 살아남는다』에서 다양한 의견을 수용하는 포용적인 조직 문화에서 혁신의 가능성은 무려 6배나 높아지며, 생각의 다양성은 팀의 혁신을 20% 높이고 위험을 30%나 감소시킴을 보여준다. 정치적·경제적 양극화, 저출생, 기후위기 등 거대 이슈를 해결하기 위해서는 더욱 다양한 방면에서 해결 방안을 모색해야 하며, 서로 다른 의견을 폭넓게 포용해야 한다. 그렇게 했을 때 우리 삶과 사회는 더 발전할 수 있다.

정치 과정의 핵심적 행위자이자 조직인 정당의 경우는 어떠한가? 정당 정치에서의 다양성, 형평성, 그리고 포용성은 아직 갈 길이 멀다. 서구 선진 민주주의 국가의 정당들이 정치 영역에서의 DEI 확산을 위해 노력하고 있으나, 소수자의 권리 및 권익 보호를 내세우는 소수자 정당들의 제도권 정치 내의 안착은 여전히 요원한 상황이다.

예를 들어, 영국의 여성평등당(Women's Equality Party), 스웨덴의 여성주의 구상(Feminist Initiative) 등 여성을 위한 소수자 정당이 존재하였다. '여성주의 구상'은 페미니스트 정당일 뿐만 아니라 반인종주의 정당이라고 밝히면서, 다양성을 확보하고자 노력하였다. 당의 공동 지도자들 또한, 소수자 집단 출신으로 이란과 리비아에서 어린 시절에 스웨덴에 온 이민자 출신이다. 정당 구성의 다양성에 기반을 두어 여성 문제뿐만 아니라 성소수자와 같은 저대표되는 집단을 위해서도 노력하는 정당이 되겠다고 포부를 밝혔으나[3] 2014년 유럽의회 선거에서 1석을 차지하는 데 그쳤다. 성소수자를 위한 정당들도 필리핀의 앙 라드랏당(Ang ladlad), 이탈리아의 게이당(Partito Gay), 호주의 평등당(Equality Party) 등이 있었지만, 이탈리아만을 제외하곤 모두 해산된 상황이다. 이탈리아의 게이당은 2022년 총선에서 총선 등록을 위해 필요한 8만 명의 서명을 모으지 못하여 오성운동(Five Star Movement)과 협업하여 2명의 후보를 정당 명부에 올렸으나 당선되지는 못하였다.[4]

이처럼 소수자 보호와 다양성 증진이라는 목표를 내세우며 등장했던 소수자 정당 및 단체들은 그 명맥을 오래 유지하지 못하고 사라지거나, 또는 정당으로도 만들어지지 못하는 어려움을 겪고 있다. 우리나라의 경우 상황은 더욱 좋지 않다. 거대 정당이 독점하는 정치 환경하에서, 소수자를 위한 다양성·형평성·포용성의 원칙은 정치 과정에서 찾아보기 어렵다.

어떻게 해야 소수자를 배제하거나 소외시키지 않으며 동행하는 정당 정치를 만들 수 있을까? 이 글은 우리나라 정당이 보다 소수자 포용적인, 그래서 더 민주적인 정당 정치를 보여주기 위해서 해야 할 과제들을 제시한다. 소수자들이 직접 만드는 정당 정치를 위해서는 존재하는 여러 장애물을 제거하여 정치에 더 용이하게 접근할 수 있도록 도와줘야 한다. 진입장벽은 정당의 설립 단계뿐만 아니라 운영 과정 등에 고루 존재하며, 다양한 측면에서 소수자의 정치 과정 진입을 가로막는다. 거기에는 물론 재정적 지원을 강화하는 것도 포함된다. '돈' 없이 정치 세력화는 불가능하기 때문이다.

기존 정당들이 소수자를 위해 할 수 있는 일도 여럿 있다. 첫째, 측정 없이 다양성 관리가 잘될 수는 없기 때문에, 체계적인 다양성 관리 환경을 구축해야 한다. 둘째, 누구나 당원이 될 수 있게 하여 정치 참여 권리를 보다 폭넓게 보장해야 한다. 셋째, 소수자를 대표하는 '수'가 늘어나도록 하는 것이 중요하다. 숫자가 늘어나는 양적 대표성과 더불어 소수자 대표의 '질'이 높아지는 질적 대표성도 강화되어야 한다. 소수자 집단의 목소리를 대변하도록 소수자 출신이 더 많이 국회에 진출할 수 있도록 하며, 당내에 소수자를 위한 정책 기구가 활성화되는 등의 개선이 필요하다. 또한, 기존 정당들의 온라인 활동도 소수자 포용적인 관점에서 더욱 활성화시킬 것을 제안한다.

이러한 제안들은 소수자들이 다수자들과 함께 정치 공동체의 구성원으로서 자원의 배분 과정에 참여하고 스스로의 이해관계를 대표함으로써, 다수결 원칙이 지배적인 운영 원리로 작동하는 민주주의의 근본적 한계를 교정하는 데 도움을 줄 것이다.

## 1. 소수자의 정당

### (1) 낮은 진입장벽은 왜 필요한가

현재 우리나라 정당 체계에는 소수자가 진입하기에는 여러 장애물이 존재한다. 낮은 정치 접근성을 개선해서 보다 소수자 우호적인 정당 체계가 조성될 필요가 있다. 무엇보다도, 정당 설립 요건을 완화해 온라인을 통해 정당 설립이 될 수 있도록 해야 할 것이다. 현재 정당의 설립 요건은 수도 소재 중앙당과 5곳 이상 시·도당을 갖춰야 하고, 각 시·도당에 1,000명 이상 당원을 요구한다. 이를 완화하고 정당법에 온라인 정당의 정의와 조직 활성화에 대한 내용 신설을 고려할 필요가 있다.

2020년 '규제개혁으로 좋은 나라 만드는 당'이 온라인 공천 시스템 및 의사결정 시스템을 도입하고, 이를 통해 정책 개발, 회의체 운영 방식 및 선거 등의 혁신을 시도한 바 있다.[5] 하지만, 법정 시·도당 수 및 시·도당의 법정 당원 수 등의 정당 설립 요건을 갖추지 못하여 정당 창당에 실패하였다. 이 사례가 보여주듯, 현행법하에서는 온라인 정당을 활성화하기 어려운 실정이다. 15대 국회 이후 처음으로 온라인 정당 창당과 관련한 정당법 일부 개정 법률안을 2022년 제21대 국회에서 이상민 의원이 대표 발의하였다. 개정안은 온라인 플랫폼을 통한 정당 결성이 가능토록 근거 규정을 두고 온라인 정당의 정의와 조직 활성화에 대

**[표 1] 현행 정당법 및 정당법 일부 개정 법률안 주요 내용**

| | 현행 정당법 | 개정안 |
|---|---|---|
| 온라인 정당 규정 | • 없음 | • 신설<br>• 온라인 정당: 정당으로서 온라인 플랫폼을 이용하여 그 활동을 하는 정당을 의미<br>• 온라인 플랫폼: 온라인 정당이 그 활동에 이용하는 인터넷 홈페이지, 모바일 응용프로그램 및 이에 준하는 전자적 시스템을 의미 |
| 중앙당 소재지 | • 수도 | • 수도 한정 규정 삭제 |
| 정당 조직 구성 | • 수도에 소재하는 중앙당, 특별시·광역시·도에 각각 소재하는 시·도당 | • 중앙당, 당헌·당규로 정하는 하부 조직 |
| 시·도당 | • 5개 이상 | • 삭제 |
| 시·도당<br>법정 당원 수 | • 1,000명 이상 | • 삭제 |
| 창당준비위원회<br>발기인 | • 중앙당: 200명 이상<br>• 시·도당: 100명 이상 | • 100명 이상 |
| 창당준비위원회<br>발기인 동의서<br>제출 방법 | • 발기인이 서명·날인한 동의서 첨부 | • 다음 각 방법 중 하나에 따라 제출된 동의서 첨부(서명·날인한 동의서 제출, 전자서명이 있는 전자문서 제출, 당헌·당규로 정하는 바에 따라 정보통신망 이용) |
| 정당 하부 조직<br>사무소 관련 | • 시·도당 하부 조직의 운영을 위한 당원협의회 등의 사무소를 둘 수 없음 | • 삭제 |

출처: 이상민 의원 대표 발의(의안번호 제2117721호) 정당법 일부 개정 법률안 검토 보고서를 바탕으로 재구성

한 내용을 신설하며, 정당 설립 요건을 폐지하여 정치 다양성을 높이고 정당 발전을 촉진하고자 하였다.

소수자에게 우호적인 정당 체계 조성을 위해서 '사후 정당 등록제'를 도입하는 것도 검토해보자. 현행 정당법은 정당 설립 요건을 만족하는 정당만이 공천권을 행사하는데, 일본의 경우는 그렇지 않다. 일본은 정당 또는 정치단체를 누가 설립할 수 있는지 법률상 규정하고 있지는 않지만, 다음에서 열거하는 단체를 정치단체로 정의한다(정치자금규정

법 제3조 제1항).

- 정치상의 주의 또는 시책을 추진하는 것을 지지하거나 반대하는 것을 목적으로 하는 단체
- 특정 공직후보자를 추천·지지하거나 반대하는 것을 목적으로 하는 단체

[표 2]가 제시하듯이 정치단체로 인정된 단체는 일본의 공직선거법에서 정한 일정 조건을 만족시키는 단체나 조직에 대해서 선거운동 기간에 특정한 정치 활동을 허용하는 단체를 말한다. 일본의 경우, 정당조성법 제2조 제2호에 의거하여, 선거를 통해 유권자들의 지지를 획득한 정치단체에 정당의 지위를 부여하고 있다. 소수자단체 소속 후보들이 정치에 더욱 적극적으로 참여할 수 있도록, 우리도 당선된 후에 정당을 설립할 수 있게 하는 사후 정당 등록제의 장단점을 공론장에서 논의해보는 것은 어떨까.

**[표 2] 일본 정치단체의 종류**

| | |
|---|---|
| 정당 | 다음 중 어느 하나에 해당하는 정치단체<br>• 소속 의회 의원이 5명 이상<br>• 직전 중의회의원 총선거, 직전 또는 전전 회 참의원의원 통상선거에서 유효투표 총수 2% 이상 득표 |
| 정치자금단체 | 정당의 자금을 보조하기 위해 정당이 지정한 단체 |
| 그 외의 정치단체 | 정당 및 정치자금단체 이외의 정치단체<br>(주의주장단체, 추천단체, 후보자단체, 특정 정당 개최 단체 등)<br>※자금관리단체: 공직후보자가 그가 대표로 있는 정치단체 중에서 하나의 정치단체를 정치자금 기부를 받기 위한 정치단체로 지정함 |

출처: 중앙선거관리위원회 선거연수원. 2021.「각국의 정당·정치자금제도 비교연구」

교섭단체 조건의 완화도 이제는 보다 적극적으로 고려해봐야 한다. 교섭단체 제도는 국회의 의제 설정 구조에서 주요 정당이 우위를 확보하는 데 유리하나,[6] 비교섭단체 소속 정당은 상임위에서 배제되고 소외되게 만드는 제도적 토대이기 때문이다. 교섭단체 구성 정당은 인적·재정적 지원을 받을 뿐만 아니라 원 구성과 본회의, 상임위원회 운영에 관한 다양한 권한을 행사한다. 따라서 현행 20석이라는 교섭단체 조건을 더 완화하는 것은 소수 집단의 정치적 접근성을 제고하는 데 필요한 제도적 조치 중의 하나이다. 주요 선진 민주주의 국가들과 우리나라의 교섭단체의 하한선을 비교해보면, 대체적으로 우리나라보다는 그 기준이 더 낮다.[7] 교섭단체 기준이 낮을수록 다양한 정당이 교섭단체가 될 수 있기에, 우리나라의 높은 교섭단체 구성 요건은 대표성을 왜곡하며, 소수 집단의 정치 진입을 가로막는 장애물로 작동하고 있다.

2008년에 활동했던 국회운영제도개선 자문위원회는 당시 교섭단체 구성 요건인 '의석수 20석 이상'에서 '비례대표 국회의원 선거에서 유효투표 총수의 100분의 5 이상 득표 그리고 10석 이상'으로 완화하고, 다른 교섭단체에 속하지 아니하는 의원으로 따로 교섭단체를 구성할 수 없도록 하는 것을 제19대 국회부터 시행하기로 하였지만, 법안 개정으로 이어지지는 못하였다.[8] 이외에도 다수의 참여와 대표성과 책임성을 제고하기 위해서는 비례대표 봉쇄 조항인 전국 득표율 3% 이상을 적용하여 의원 정수의 3% 또는 전국 득표율 3%로 낮추는 것이 바람직하다는 의견, 헌법상의 평등 규정에 비추어 교섭단체 구성 의석수를 15인으로 정해야 한다는 의견, 의안 발의의 최소 요건인 10인을 교섭단체 구성 하한선으로 하는 방안, 교섭단체 구성 하한선을 정당으로서 존속을 보장받는 '5석 이상의 의석수 또는 3%의 정당 득표율'로 삼는 방안, 교섭단체 구성 의석수의 하한선을 5%인 15인 이상으로 정하되, 그에 근접한 정당에 대해서는 국회의 의결로 교섭단체를 구성하게 하는 방안 등 다양한 의견이 제시되었다.[9] 어떤 방안이 되었든 현재의 기준보다는 소수자 정당이 만들어지고 유효한 정당으로서 활동하는 데 도움이 될 것이며, 독점적 정당 체제를 탈피하여 정당 체계의 다양성이 더욱 증진되는 데 기여할 것이다.

### (2) '돈' 없이 정치 세력화는 불가능한가

소수자들의 정치권 진입과 정치 세력화를 막는 가장 큰 장애 중의 하나는 경제적 자원의 부족함이다. 소수자들을 위한 다양한 형태의 재정 지원을 통해 이들의 정치 활동이 실질적으로 그리고 장기적으로 이루어질 수 있도록 해야 한다.

소수자들을 위한 재정적 지원으로 우선 정치 선거 펀드의 형태를 고려해볼 수 있을 것이다. 정치 선거 펀드는 1명의 후보자가 다수로부터 약정 원리금(예: 약 3%)을 제시하여 소액의 정치자금을 모금하는 대출형 크라우드 펀딩 형태이다. 정치 크라우드 펀딩은 기존 금융권에서 큰 금액을 저금리로 대출할 수 없는 사람이 대중을 대상으로 펀드 목표액을 저금리로 받아 자금을 조달하는 채널로 등장하였다. 대출형 크라우드 펀딩의 핵심 문제는 정치 후보자가 자금을 상환할 가능성에 대한 신뢰에 따라 모금액의 차이가 발생한다는 점이다. 유력한 정치인이나 대중적으로 인기가 있는 정치인은 단시간 내에 거액의 목표 금액 모금이 가능하나 청년 후보자와 같은 소수자들의 경우 자금 상환 가능성에 대한 신뢰도가 낮아 모금액이 적게 된다.

이러한 문제를 해결하기 위해, 후보자-후원자의 직접적인 연결 관계에서 후보자-펀드 보증-후원자 관계로 전환하는 것을 모색해볼 필요가 있다. 정부가 지원하는 보증 펀드에서 후원자에게 원리금을 상환하고, 후보자는 보증 펀드에 원리금 및 사용료를 상환한다. 그리고 연체 시 연체 가산금을 보증 펀드에 납부한다. 즉, 후원자가 안정적으로 원리금을 상환받을 수 있도록 보증 펀드를 설치하여 원리금 상환 가능성에 대한 신뢰를 확보할 수 있다.

우리나라 선거 펀드의 경우, '청치펀딩'('청년 정치 FUNDING'의 약어) 온라인 플랫폼[10]이 있었다. 청년 정치인들의 펀드를 지원하기 위해 와글, 리드미, 전국청년정책네트워크, 칠리펀드가 함께 만든 소셜 펀딩 플랫폼으로, 민주당, 정의당, 녹색당, 무소속 후보자 등 다양한 정파의 청년 정치인들을 지원하였다. 청치펀딩은 청년 후보자가 평균 2.8%의 이자율로 선거자금을 펀딩하면 1만 원 이상 계좌로 기부할 수 있는 방식으로 진행하여 497명으로부터 총 1억 1,776만 5,814원을 모금하여 12명의 후보자를 지원하였다(2018년 기준). 2018년 지방선거 과정에서 개별 펀딩뿐만 아니라 선거 펀드 전문 서비스를 통해 확산되었는데, 130명의 펀딩을 진행한 플랜비코리아의 비펀드(https://bfund.kr/)와 65명의 펀딩을 정당별로 구분하여 진행한 '지방선거 CROWD 공동펀드'가 존재하였다.[11]

해외의 경우, 미국, 일본 등 다양한 나라에서 선거 펀드가 운영되고 있다. 미국 오바마 대통령은 2008년 첫 대선을 치를 당시 "Yes, We Can!"이라는 메시지를 내걸며, 21개월에 걸쳐 7억 5,000만 달러의 정치자금을 모집했는데, 총모금액의 80%가 다수 일반인이 200달러 이하의 소액을 기부한 것이었다.[12] 또한, 2015년 10월, 미국 백악관은 크라우드 펀딩 서비스 킥스타터, 트위터, 식료품 배달업체 인스타카트, 숙박 공유 서비스 에어비앤비 등과 함께 유엔난민기구(UNHCR)의 시리아 난민 원조 기금을 보조하기 위해 크라우드 펀딩을 실시하기도 했다.[13]

일본의 경우는 펀딩을 통해 직접적으로 소수자 후보자들의 선거를 지원하였다. 2022년 8월에 설립된 일반사단법인 뉴신(NewScene)은 정치 분야의 성 격차 해소를 위해 "젊은 여성들이 일본 정치를 바꾸자"라는 기치하에, '피프티스 프로젝트(Fiftys Project)'를 실시하였다. 전국에서 뜻을 함께하는 50명의 여성 후보를 내자는 프로젝트로, 크라우드 펀딩으로 활동 자금을 모으면서 2023년 지방선거에 입후보할 사람을 모집하였는데, 후보뿐만 아니라 후보 지지자, 개인 후원(크라우드 펀딩 및 정기 후원), 기업 후원을 함께 모집하였다. 2030 세대 여성 및 논바이너리(non-binary), X젠더 입후보자를 지원한 결과, 지방선거에서 29명의 후보를 냈고, 광역시의원 1명과 기초의원 23명이 당선되는 성과를 거뒀다.[14] 이 단체가 지지하는 여성 후보는 일본 입헌민주당 8명, 공산당 3명, 국민민주당 1명, 도쿄 생활사 네트워크 1명, 무소속 15명으로, 정치적 성향과 소속에 관계없이 여성 후보를 지원하였다.[15, 16]

돈 없는 정치 세력화는 어렵다. 소수자를 대변하는 소수자 정당들이 만들어질 수 있도록, 재정적 장애물을 제거해줘야 한다. 경제적인 문제가 원인이 되어 정치 과정에 진입할 수 없는 것은 공정하지 않으며, 소수자의 기본권 보장이라는 민주주의의 기본 정신에도 어긋나기 때문이다.

## 2. 기존 정당의 소수자 포용

### (1) 다양성 관리는 어떻게 해야 하나

측정 없이 제대로 된 관리는 가능하지 않다. 우리나라 정당들의 경우, 다양성·형평성·포용성을 위해 어떠한 정도의 활동을 하고 있는지에 대한 정확한 측정이 되지 않고 있다. 그러다 보니 소수자를 위한 정당 활동에 대한 체계적 관리와 사회적 감시는 전무한 상황이다. 정당들이 다양성과 소수자 존중을 위해 어떠한 활동을 얼마나 하고 있는지를 측정하고 상호 비교할 수 있는 지표 개발이 필요하다. 이를 통해 다양성 관리(diversity management) 환경이 구축될 수 있다.

1995년 설립된 이민 관련 비영리 기관인 이주정책연구그룹(Migration Policy Group)이 발표한 정당 다양성 측정 지표를 우리나라도 적극적으로 고려해보자. 이주정책연구그룹은 프로젝트 보고서[17]에서 자체 개발한 다양성 지표를 발표하였다. 이 프로젝트는 아일랜드 노동당, 독일 기독민주당 등의 정당, 스톡홀름대학교 정치학과와 같은 대학, 연구소, NGO 등이 참여한 대규모 프로그램의 일환이다. 같이한 집단들로는, 이민과 상호 문화 대화를 위한 고등 판무관(High Commission for Immigration and Intercultural Dialogue), 청년 마을 기독교협회(Christian Association of Youth Villages), 스톡홀름대학교 정치학과(Department of Political Science of Stockholm), 이민에 관한 학제 간 연구 그룹(Interdisciplinary Research Group on Immigration), 사회과학을 위한 정신 분석 연구소(Psychoanalytic Institute for Social Research), 라자스키대학교(Lazarski University), 이주정책연구그룹, 통합 센터(The Integration Center) 등 총 8개의 연구기관 및 대학, NGO, 정부기관 등이 참여하였다. 이외에도 각 파트너는 회원국의 정당과 이민자단체를 제휴 파트너로 참여시켰는데, 정당의 경우에는 독일(6개), 아일랜드(5개), 이탈리아(5개), 폴란드(7개), 포르투갈(6개), 스페인(6개), 스웨덴(3개)에서 총 38개 정당이 참여하였다.

이 자체 평가 지표는 정당 내 참여 기회 및 다양성의 초국가적 비교, 전략 및 정책 권장 사항 개발, 그리고 정당의 다양성을 평가하고 강화하기 위한 것이다. 특히 이주자 문제에 집중하여 각 정당과 이주단체 대표들을 대상으로 설문조사를 하고, 분석 결과를 여섯 분야로 분류하여 제시하였는데 매우 포괄적이고 체계적이다.

① 정당 및 정당 내 정치 생활에 대한 접근성(access/entry to political parties and political life in parties)

② 정당 내 제3국 국민에 대한 입법적 제한 처리(dealing with legislative restrictions for third-country nationals in political parties)

③ 이민 배경을 지닌 정치인의 진로와 역할(career paths and roles of politicians with migration background)

④ 정당 내부의 다양성과 다양성에 대한 담론(diversity inside

political parties and discourses on diversity)

⑤ 정당과 이민자 공동체 및 협회 간의 네트워크(networks between political parties and immigrant communities and their associations)

⑥ 정당에 대한 권고 사항(recommendations to political parties)

보고서는 가장 주요한 장애물은 선거 대표성이라고 주장하며, 유럽 사회에서 정당과 의회가 이민자들을 과소 대표하고 있는 것이 문제라고 지적하였다. 단순히 이민자 출신을 다양성의 가시적 대표자(visible representative)나 대변인(spokesperson)으로 포함한다고 하여 이민자를 대표하는 것은 아니라, 상징을 넘어 포함하는 것이 정당 내에서 지배적인 담론과 정립된 권력 관계에 대한 도전이자, 다양한 목소리와 경험을 정당의 담론에 통합하는 것이라고 역설한다.

정당의 다양성 확보를 위해서 보고서는 아래와 같은 권고 사항을 제시하는데, 우리도 귀담아들을 필요가 있다.

① 정당 및 정당 내 정치 생활에 대한 접근성에 있어, 모든 이가 제한 없이 당원이 될 수 있도록 해야 하며, 이민자 배경을 가진 사람들을 포함하기 위해서 노력해야 한다.

② 정당 내 제3국 국민에 대한 입법적 제한 처리에 있어 정당의 지

속 가능한 개방(sustainable opening up of party)을 위해서는 연령, 성별, 사회경제적·교육적·인종적 배경 등과 관계없이 모든 사람이 자신의 역량과 경험을 환영받고 인정받을 수 있는 분위기가 조성되어야 한다. 그 방식에 있어 모든 조직에서 한 명의 임원, 예를 들어, 평등 담당관(equality officer)이 새로운 이민자 구성원에게 접근하고 환영하는 책임을 맡을 수 있다.

③ 이민 배경을 지닌 정치인의 진로와 역할은 첫째, 이민자 배경의 정치인이 공직에 임명되고 대중에게 알려지는 것이 중요, 둘째, 공천 과정에서 이민자 출신 후보 포함, 셋째, 최소한의 대표성을 보장하기 위해서 할당제 시행, 넷째, 당내 다양성 그룹이 선거위원회에 후보를 추천하는 경우, 이 추천은 선거위원회의 지도부가 수용하는 구속력 가짐, 다섯째, 이주자를 포함한 신인 후보를 대상으로 당 차원에서 기금 모금, 정보 제공 워크숍, 멘토링 서비스를 제공해야 함을 포함한다.

④ 정당 내부의 다양성과 다양성에 대한 담론이 필요하다. 인종 차별에 대응하려면 개방적이고 정직한 대화와 태도의 전반적인 변화를 촉진하는 당내 혁신이 필요하듯이, 차별 방지 징계 시스템, 지도부의 긍정적인 발언과 지도부의 지원을 받는 네트워크, 평등 담당관 제도 등이 확산되는 것이 중요하다.

⑤ 정당과 이민자 공동체 및 협회 간의 네트워크에 있어서, 정당은

선거 시기에만 이들과 협력하는 것이 아니라 지속적인 관계를 유지해야 하며, 이주단체는 지역사회 내 정치적 참여와 투표를 장려하는 역할을 할 수 있기에 정당은 이 과정을 지원해야 한다.

이 권고 사항들은 모두 우리나라에 적용 가능하다. 각각의 차원들이 우리나라 정당 정치 과정에서 얼마나 실현되고 있는지 [그림 1]과 같은 포괄적인 차원을 담은 구체적인 지표 개발을 통해 측정할 필요가 있으며, 이를 토대로 하여 다양성이 강화된 정당 정치 구축을 위한 제도 개선 노력이 지속적으로 이어져야 할 것이다. 이렇게 소수자 다양성과 포용성이 측정되어야 제대로 관리될 수 있다.

### (2) 당원은 누가 되어야 하나

누구나 원하면 당원이 될 수 있어야 한다. 즉, 정치 참여의 권리를

**[그림 1] 정당 다양성 확보를 위한 권고 사항**

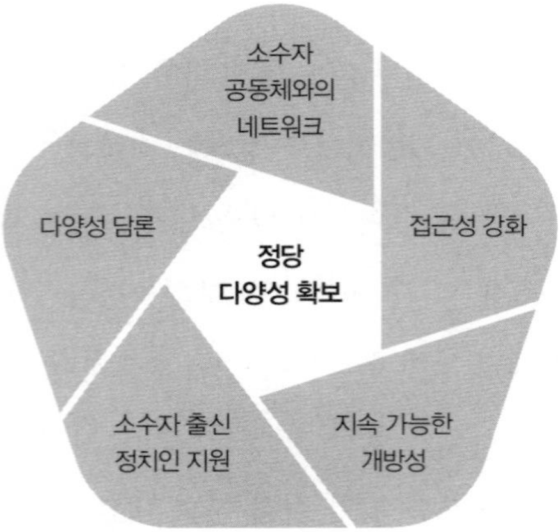

폭넓게 보장하는 것은 중요하다. 위에서 논의한 이주정책연구그룹의 보고서 국별 보고 중 '정당 및 정당 내 정치 생활에 대한 접근성(Access/Entry to Political Parties and Political Life in Parties)' 부분은 정당 가입 기준에 대해 흥미로운 시사점을 제공한다. 보고서는 정당 가입에 있어, '국민'만 가능하도록 제한한 독일, 이탈리아 등은 정당법을 개정하여 모든 사람이 포함되도록 해야 한다고 제안한다. 아일랜드, 스웨덴은 모두가 정당에 가입할 수 있고, 스페인 또한 외국인이 정당을 만들 수는 없으나 정당에 가입하는 것은 문제가 안 되고 있다.

우리나라 정당의 경우 당원이 되기 위한 조건이 무엇인지 살펴보았다. 우선, 우리나라 정당법 제4장 제22조(발기인 및 당원의 자격) 제1항에서 "16세 이상의 국민은 공무원 그 밖에 그 신분을 이유로 정당 가입이나 정치 활동을 금지하는 다른 법령의 규정에 불구하고 누구든지 정당의 발기인 및 당원이 될 수 있다"라고 적시하고, 제2항에서 "대한민국 국민이 아닌 자는 당원이 될 수 없다"라고 규정함으로써 '대한민국 국민'만이 정당에 가입할 수 있다.

정당법에 근거하여, 주요 정당들도 국민만 정당에 가입할 수 있도록 제한한다. 국민의힘은 홈페이지에 "국민의힘의 이념과 정책에 뜻을 같이하시는 만 16세 이상 대한민국 국민이라면 누구나 당원이 될 수 있습니다"라며, 정당법에 근거해 "대한민국 국민이 아닌 자"는 당원이 될 수 없다고 규정하였다.[18] 더불어민주당 역시, 입당 신청 안내에 의하면, "정당법에 의거, 국회의원 선거권이 있으며 공무원이 아닌 자는 더불어민주당에 당원으로 가입할 수 있습니다. 공무원이 아닌 공공기관에 재직하는 분들은 재직 회사의 관련 내규를 검토 후 당원에 가입해주시기

바랍니다"라고 설명한다.[19] 국회의원 선거권이 있다는 것은 '국민'만이 당원 가입이 가능하다는 뜻으로 해석된다. 정의당도 비슷하다. 제2장 제4조(당원) 제1항 "법령에 의하여 당원이 될 자격이 있고, 우리 당의 강령과 기본 정책에 동의하는 사람은 누구든지 당규로 정하는 절차에 따라 당원이 될 수 있다"고 규정하고 있다.

거주 외국인 250만 명 시대에 다문화 국가로 진입한 우리나라의 상황과 현재의 정당 가입 제한 조건이 부합하는가? 이 질문에 대한 사회적 논의가 필요한 시점이다. 우리 사회의 소수자 집단인 이주민들의 정치 참여 권리를 보다 폭넓게 인정할 필요가 있으며, 이를 위한 기초 단계로써 정당 가입에 제한을 두지 않도록 정당법을 개정하는 것을 검토해보자.

### (3) 소수자를 대표하는 '수'는 중요한가

정치적 대표성은 크게 기술적 대표성과 실질적 대표성으로 분류된다. 기술적 대표성은 시민이 자신을 대표하는 대리인과 인종, 민족, 성별 등과 같은 기술적 특성을 공유하는 것으로 '수'의 대표성을 뜻하며, 실질적 대표성은 하나의 집단을 대표하는 의원이 그 집단에 속한 시민의 목소리에 반응하여 의회에서 그들을 위한 법안이나 정책 등을 제안하는 활동을 하는 것으로 '질'의 대표성을 의미한다.[20]

영(Young)은 집단 대표성을 강조하며, 소수자 집단이 처한 구조적 부정의는 경제적인 분배만으로는 해결 가능하지 않다고 지적하였다. 근본적 해결을 위해서는 소수자 집단이 정치적 의사결정에 참여할 기회의 보장이 필요하며, 정치적 대표성 보장을 통해서 기존 권력 관계에서 열세에 처한 소수자 집단의 문제가 직접 해결될 수 있다고 보았다. 필립스(Phillips) 역시 '참여의 정치(politics of presence)'를 주장한 바 있는데, 이러한 주장들은 대의민주주의 하에서 대표성의 위기를 해결하기 위해서는 소수자 집단 구성원이 직접 당사자로 '참석'할 수 있는 '숫자'의 대표성, 즉, 기술적 대표성의 보장이 필요하다는 데 기반하고 있다.[21]

서구 선진 민주주의 국가들의 경우 소수자에게 친화적인 공천 제도의 운용 등을 통해 소수자들의 양적 대표성 제고를 위해 노력하고 있다. 예를 들어, 캐나다의 자유당은 후보자 공천 시, 의회에서 과소 대표되는 유색인종, 성소수자, 장애인 등 소수자 집단이 무조건 포함되도록 후보자 명단을 작성한다. 또한, 자유당은 '인바이트 허 투 런(Invite Her to Run)' 이니셔티브 프로젝트를 진행하였는데, 이는 지역사회 내 훌륭한 여성들이 정치에 참여하도록 독려하는 프로젝트로 2015년, 2019년, 2021년에 자유당 후보로 여성들이 출마하도록 도왔다.[22]

영국 노동당(Labour party)도 소수자 출신 대표자들의 숫자를 늘리기 위해 노력하는 대표적인 정당이다. 노동당은 2018년 5월 전국집행위원회에서 여성 후보자 목록 및 정당 사무처 직원 채용에 있어 여성할당제를 재확인하는 성명서를 발표하였으며, 소수인종 집단 출신 국회의원을 지칭하는 BAME 의원(Black, Asian, and minority ethnic MPs)을 많이 배출하기 위해 노력하고 있다. 노동당이 2023년 10월에 발간한 『Rule Book』에 따르면, "선출직 공직에서 여성의 과소 대표를 바로잡기 위해 '여성 선거인 명부(All Women Shortlists, AWS)'를 작성하는 것 이외에도 당은 BAME 후보자의 과소 대표성을 바로잡기 위해 BAME 대표성을 고려한 후보 선발을 지원하고, 해당 후보 목록에는 BAME 후보자들을 위한 고정된 최소 후보가 있어야 한다"고 명시하였다. 이러한 후보 목록은 2010년 평등법(Equality Act 2010)에서 허용하는 범위 내에서 이루어진다고 밝히고 있다.

또한, 노동당은 장애인 의원들을 지원하기 위한 보조금 제도(bursary scheme)를 수립하였는데, 이 제도는 장애인 및 저소득 계층 혹은 노동자 계급에게 최고 5,000파운드를 지원하며 최대 1년 동안 연간 기준으로 지원 가능하다.[23] 노동당의 이러한 제도적 노력의 결과, [표 3]에서 보이듯이 소수자 출신 의원의 숫자는 계속 증가하고 있다. 또한, 노동당은 보수당과 자유민주당과 비교하여 상대적 및 절대적인 측면에서 여성과 소수민족 의원을 가장 큰 비율로 오랜 기간 선출해왔다. [표 4]가 이를 잘 보여준다.[24]

한편, [표 4]는 2010년 영국 보수당의 여성 의원의 수가 획기적으로 증가한 흥미로운 사실도 보여준다. 이는 주로 정치적 주변부에 있는 소수/좌파 정당이 여성 대표성 확대를 위한 조치를 취하기 시작하면, 거대/우파 정당이 유권자의 표를 잃을까 두려워 정당을 혁신하는 방식으로 여성 후보자를 더 많이 공천하게 되어 정당 체계에 더욱 넓은 영향을 미친다는 전염 이론(contagion theory)에 근거하여 해석 가능하다.[25] 즉, 노동당의 여성 선거인 명부(AWS) 도입 노력(1980년대 중후반~1990년대 초반) → 여성 의원의 획기적 증가 및 노동당 재집권의 성공(1990년대 후반~2000년대 후반) → 보수당 자극 → 보수당 여성 조직의 대표성 요구 강화(2000년대 중후반~현재)로 이어지는 '정치의 여성화' 과정이 2010년 이후로 여성의 정치적 대표성 증대로 이어진 것이다.

우리나라 정당들도 소수자 출신 대표의 숫자를 늘리기 위해 노력

**[표 3] 영국 노동당 당선자 현황** (단위: %)

| 성별 및 인종 | 2010 | 2015 | 2017 |
|---|---|---|---|
| 남자 | 69.7 | 61.4 | 59.5 |
| 여자 | 30.3 | 38.6 | 40.5 |
| 아시안 | 5.2 | 6.5 | 6.3 |
| 흑인 | 1.0 | 0.6 | 1.6 |
| 다인종(Mixed) | 1.1 | 1.0 | 0.8 |
| 영국계 백인 | 88.7 | 82.8 | 68.7 |
| 유럽계 백인 | 1.7 | 1.6 | 1.0 |
| 그 외 백인(White other) | 0.8 | 1.3 | 1.7 |
| 다른 인종 그룹/확인되지 않음(Other Ethnic Group/Not specified) | 0.3 | 0.0 | 0.6 |
| 장애인 | 1.6 | 1.6 | 4.6 |
| 성소수자 | N/A | 4.5 | 7.1 |

출처: 영국 노동당 홈페이지

**[표 4] 영국 노동당·보수당·자유민주당 내 여성과 소수민족의 당선 현황** (단위: %)

| | 노동당 | | | 보수당 | | | 자유민주당 | | |
|---|---|---|---|---|---|---|---|---|---|
| | 여성 | BAME | BAME 여성 | 여성 | BAME | BAME 여성 | 여성 | BAME | BAME 여성 |
| 1987 | 9.2 | 1.7 | 0.4 | 4.5 | 0 | 0 | 4.5 | 0 | 0 |
| 1992 | 13.7 | 1.8 | 0.4 | 6.0 | 0.3 | 0 | 10.0 | 0 | 0 |
| 1997 | 24.2 | 2.2 | 0.5 | 7.8 | 0 | 0 | 6.5 | 0 | 0 |
| 2001 | 23.1 | 2.9 | 0.5 | 8.5 | 0 | 0 | 9.6 | 0 | 0 |
| 2005 | 27.6 | 3.7 | 0.6 | 8.6 | 1.0 | 0 | 16.1 | 0 | 0 |
| 2010 | 31.4 | 6.2 | 3.1 | 16.0 | 3.6 | 0.6 | 12.3 | 0 | 0 |
| 2015 | 42.7 | 9.9 | 6.0 | 20.6 | 5.1 | 1.5 | 0 | 0 | 0 |

출처: 크룩과 누젠트(Krook and Nugent, 2016)

하지 않는 것은 아니다. [표 5]에서 보이는 것처럼, 공천 과정에서 소수자 할당 등을 통해 숫자를 늘리기 위해 노력하고 있다. 그러나 정당에

**[표 5] 주요 정당 여성·장애인·청년 후보 및 당직자 추천 제도**

| 분야 | 정당 | 내용 |
|---|---|---|
| 여성 | 국민의힘 | • 제3장 사무처 당직자의 임면과 복무 제15조(여성 할당) 사무처 당직자의 신규 임용 시 연도별 기준으로 하여 여성을 30% 이상 임용하도록 한다.<br>• 제4장 비례대표 국회의원 후보자 심사 및 확정 제18조(심층 심사) ② 비례대표 국회의원 후보자는 성별, 연령, 지역, 직업 등의 국민 대표성 및 전문성, 당 기여도 등을 고려하고, 여성을 50% 이상 포함하여 성별 교차식으로 추천한다.<br>• 제5장 후보자 경선 제26조(가산점) ① 경선에 참여한 정치 신인, 여성, 청년 등의 후보자는 본인이 얻은 득표수(득표율을 포함한다)의 최대 100분의 20의 가산점을 받을 수 있다 |
| | 더불어민주당 | • 제8조(성평등 실현) ②우리 당은 제1항의 실현을 위하여 중앙당 및 시·도당의 주요 당직과 각급 위원회의 구성, 공직선거의 지역구 선거 후보자 추천(지방자치단체의 장 선거 후보자 추천은 제외한다)에 있어서 당헌·당규로 정하는 바에 따라 여성을 100분의 30 이상 포함하여야 한다. 다만, 농·어촌 등 취약지역의 경우에는 최고위원회의 의결로 달리 정할 수 있다. ③ 제2항에 따라 여성을 100분의 30 이상 포함하는 경우 노인, 청년, 대학생, 장애인, 다문화 등 다양한 사회적 계층을 고르게 안분하도록 노력한다.<br>• 제34조(가산 기준) ① 공천관리위원회는 당헌 제8조 제1항 및 제97조 제3항에 따라 여성, 청년, 노인, 장애인, 다문화 이주민, 사무직 당직자, 보좌진 및 당에 특별한 공로가 있는 자에 대하여 심사 결과의 100분의 10 이상 100분의 25 이하의 범위에서 가산한다. |
| | 정의당 | • 제2장 당원 제7조(여성 당원의 지위와 권리) 1항 여성의 정치 참여를 확대하고 실질적인 성평등을 실현하기 위하여 모든 선출직과 임명직에 여성 당원 30% 이상을 할당한다.<br>• 제1장 총칙 제2조 (당대표 및 부대표의 선출) 선출직 부대표는 2인은 당원 1인 1표에 의한 직접투표를 통해 다수투표 순으로 선출하되, 1인은 여성으로 한다. 부대표 후보자의 득표 순위 결과 선출된 부대표 2인 중 여성 후보가 없을 경우, 여성 후보자 중 최다 득표자를 하위 순위자와 교체하여 여성 부대표를 선출한다. [개정 2020.08.30.] [개정 2022.09.17.]<br>• 제6장 여성 및 장애인 할당 제24조(공직선거후보자 중 여성후보의 수) ① 여성의 정치 참여를 확대하고 실질적인 정치 활동을 보장하기 위하여 임기만료에 의한 국회의원 선거별, 광역의원 선거별, 기초의원 선거별 지역구(선출직) 출마 후보의 30% 이상을 여성 후보에 할당하되, 구체적인 할당 방침은 해당 선거의 후보 선출 전 전국위원회가 결정한다. ② 당이 선출할 비례대표 국회의원 후보자 및 비례대표 지방의회의원 후보자 중 1/2 이상은 여성으로 하되, 여성에게 정당 명부의 홀수 순번을 부여한다.<br>• 제26조 (선출직 당직자에 대한 여성 당원 할당의 적용) ① 당직자 선출 시에는 여성 당원 30% 이상을 반드시 할당하되, 2인 이상을 선출하는 모든 선거구에 적용하며, 선출 정수에 0.3을 곱하여 올림 계산하여 나온 수를 여성 당원 30% 할당 정수로 한다. |

<table>
<tr><td rowspan="3">장애인</td><td>국민의 힘</td><td>• 제28조 (우선 추천 지역의 선정 등) ① 중앙당 및 시·도당 공천관리위원회는 지방선거 지역구 후보자 추천에 있어 우선 추천 지역을 선정할 수 있다. ② "우선 추천 지역"이라 함은 다음 각호의 사유로 선정된 지역을 말한다. 1. 여성·청년·장애인 등 정치적 소수자의 추천이 특별히 필요하다고 판단한 지역</td></tr>
<tr><td>더불어 민주당</td><td>• 제99조 1항 4호 장애인복지법 및 그 하위 법령에서의 경증 장애인은 100분의 10을 가산한다. 이 경우 본 항의 제1호 내지 제2호에 해당하는 후보자는 각 호의 규정을 따른다.</td></tr>
<tr><td>정의당</td><td>• 제2장 당원 제8조(장애인 당원의 지위와 권리) 1항 장애인의 정치 참여를 확대하고 실질적인 사회 활동을 보장하기 위하여 모든 선출직과 임명직에 장애인 당원 5% 이상을 할당한다.<br>• 제6장 여성 및 장애인 할당 제25조 (공직선거 후보자 중 장애인 후보의 수) ① 당이 선출할 비례대표 국회의원 후보자 중 1/10 이상은 장애인 당원으로 하되, 구체적인 할당 방침은 해당 선거의 후보 선출 전 전국위원회가 결정한다.<br>• 제27조 (선출직 당직자에 대한 장애인 당원 할당의 적용) ① 당직자 선출 시에는 장애인 당원 5% 이상을 반드시 할당하되, 10인 이상을 선출하는 모든 선거구에 적용하며, 선출 정수에 0.05를 곱하여 올림 계산하여 나온 수를 장애인 당원 5% 할당 정수로 한다. 단 해당 지역 조직의 운영위원회는 장애인 당원 할당 실현을 위해 선거구를 별도로 조정할 수 있다.</td></tr>
<tr><td rowspan="3">청년</td><td>국민의 힘</td><td>• 제5장 후보자 경선 제26조(가산점) ① 경선에 참여한 정치 신인, 여성, 청년 등의 후보자는 본인이 얻은 득표수(득표율을 포함한다)의 최대 100분의 20의 가산점을 받을 수 있다.<br>• 당규 제28조 (우선 추천 지역의 선정 등) ① 중앙당 및 시·도당 공천관리위원회는 지방선거 지역구 후보자 추천에 있어 우선 추천 지역을 선정할 수 있다. ② "우선추천 지역"이라 함은 다음 각호의 사유로 선정된 지역을 말한다. 1. 여성·청년·장애인 등 정치적 소수자의 추천이 특별히 필요하다고 판단한 지역</td></tr>
<tr><td>더불어 민주당</td><td>• 제9조(청년 당원의 지위와 권리) ② 우리 당은 제1항의 실현을 위하여 중앙당 및 시·도당의 주요 당직과 각급 위원회의 구성에 있어서 당헌·당규로 정하는 바에 따라 청년 당원이 100분의 10 이상 포함되도록 하며, 공직선거 후보자 추천에 있어서 청년 당원이 100분의 30 이상 포함되도록 노력하여야 한다.<br>• 제99조(가산 기준) ①경선에 참여한 여성 후보자, 장애인 후보자, 청년 후보자(당해 선거일 기준 만 45세 이하의 청년에 한한다. 이하 같다)는 본인이 얻은 득표수(득표율을 포함한다. 이하 같다)의 100분의 25를 가산한다.</td></tr>
<tr><td>정의당</td><td>• 제2장 당원 제9조(청년 당원의 지위와 권리) 1항 청년의 정치 참여 기회를 확대하기 위하여, 중앙당 및 광역시·도당의 대의기구 구성에 있어 청년 당원이 10% 이상 포함되도록 한다. 2항 청년 당원의 정치 참여 확대와 청년의 사회적 권리 신장에 관한 청년 발전 기본 계획을 당 대표가 수립하여 제출하고, 전국위원회에서 승인한다.<br>• 제28조(선출직 당직자에 대한 청년당원 할당의 적용) ① 당직자 선출 시에는 청년 당원 10% 이상을 반드시 할당하되, 5인 이상을 선출하는 모든 선거구에 적용하며, 선출 정수에 0.1을 곱하여 올림 계산하여 나온 수를 청년 당원 10% 할당 정수로 한다. 단 해당 지역 조직의 운영위원회는 청년 당원 할당 실현을 위해 선거구를 별도로 조정할 수 있다.</td></tr>
</table>

서 고려하고 있는 소수자 집단들은 여성·장애인·청년에 주로 국한되어 있으며, 그 숫자 역시 매우 적다. 한국 사회의 다양화·파편화·개인화로 인해, 소수자 집단의 숫자는 계속해서 증가하고 있는데, 정당은 사회의 이런 변화를 제대로 반영하지 못하고 있는 상황이다. 이주자, 성소수자, 비정규직 등 다양한 소수자 집단을 공천 과정에서 배려하여, 포용하는 소수자의 범주를 늘리고 공직에 진출하는 소수자의 수도 증가시킨다면 더 포용적인 정당 정치가 될 수 있을 것이다.

### (4) 소수자 대표의 '질'은 왜 중요한가

기술적 대표성과 실질적 대표성 모두 다 소수자들의 정치적 대표성 강화를 위해 필요한 것이며, 두 차원의 대표성이 함께 제고되는 것이 바람직하다. 그런데 아무리 기술적 대표성이 제고되더라도 실질적으로 소수자들의 목소리를 대변하는 정당 내 활동이 뒤따라오지 않는다면, 즉 실질적 대표성이 함께 강화되지 않는다면, 기술적 대표성 강화의 의미는 퇴색될 수밖에 없을 것이다. 판토야와 세구라(Pantoja & Segura), 그리고 제터버그(Zetterberg)가 지적하듯이, 정치 세력화에 있어서 기술적 대표성의 보장만으로는 소수자 집단의 문제를 해결하기에 충분하지 않으며 기술적 대표성의 보장이 주류 정치 세력에 의해서 통제되는 형식적인(token) 것이 될 가능성이 있다. 따라서 정당 내에 소수자들의 목소리를 실질적으로 대변할 수 있는 제도적 보완이 같이 이루어져야 한다. 이 글에서는 소수자 대변인 제도 및 소수자위원회의 활성화를 제안한다.

덴마크 대안당은 이와 관련하여 중요한 시사점을 제공해준다. 덴마크 대안당은 '소수자 대변인 제도'를 만들어, 소수자의 목소리를 적극적으로 대변하고 있다. 덴마크 의회 전체 179명 의원 중에 이민자 출신은 2%에 그친다. 크리스티나 사데 올루메코(Christina Sade Olumeko) 대안당 의원은 그중 한 명으로 최근 급증한 이민자들로 인해 당선될 수 있었다. 덴마크는 국회의원 전원을 비례대표로 뽑는데, 이 제도하에서는 다양한 계층을 공천해야 당선이 유리하게 된다. 이민자들의 숫자가 증가하면서, 소수자 대변인 제도를 내세운 올루메코 의원이 득표하게 된 것이다. 올루메코 의원은 인터뷰에서 소수자 대변인 제도의 필요성에 대해서 다음과 같이 말했다.

"나도 소수자이기 때문에 백인이 아니라는 이유로 이상한 시선을 받는 것이 어떤 것인지 잘 알고 있다. 성소수자나 장애를 가진 사람도 마찬가지다. 그래서 소수자를 위한 대변인이 있어야 한다고 생각했다. 사상 처음으로 당내 소수자 대변인이란 직함을 만들었다. 의회에서 그 직함을 가진 정당은 우리가 유일하다. 덴마크에서는 소수자와 그들의 권리, 복지를 종종 잊거나 간과하는 경우가 많다고 생각한다. 다른 정당과 협상할 때마다 우리 당이 소수자 문제에 관해 이야기하고 항상 거기에 초점을 맞출 필요가 있다는 점을 강조한다."[26]

덴마크 대안당에서 소수자 대변인 직함을 만들 수 있었던 배경에는 당이 운영하고 있는 보고관(Ordførere, 대변인) 제도가 있다.[27] 대안당의 당헌 제5장 제13조 제1항에서 보고관은 협회의 이사회, 상임위원회 또는 의회 의원, 시의회, 지방의회 후보자 또는 의원인 사람이 될 수 있으며, 다른 정당 가입은 허용되지 않고, 대안당의 이익을 위해 지역사회에서 일해야 한다고 명시하고 있다. 아동, 교육, 동물권, 시민권, 국방, 평화, 북유럽 협력 등과 같이 다양한 부분을 담당하는 대변인(보고관)들은 당헌에 의거하여, 정당 내 정치인을 중심으로 운영되고 있다. 이와 더불어 외부 보고관 제도를 운용 중인데, 이는 해당 보고관 내에서 주제별 지식, 경험 또는 역량을 보유한 사람들로 자신의 해당 분야에 대한 정책 제안 혹은 보고관의 작업을 보완하는 등의 역할을 담당한다.[28]

한국 정당의 대변인 제도는 어떠한가? '소수자'에 중점을 둔 제도가 전혀 아니다. 덴마크 대안당의 경우처럼, 소수자 대변인 제도의 설치를 통해 소수자의 목소리를 항시적으로 대변하고, 소수자 정책 형성에 대해 관심을 기울이는 정당 내부 개혁을 고려해볼 시점이다.

소수자들의 질적인 대표성 강화를 위해 소수자 위원회가 활성화되는 것도 바람직하다. 우리나라 정당은 [표 6]에서 보이듯, 소수자 관련 위원회를 두고 있다. 국민의힘, 더불어민주당, 정의당 모두 여성위원회와 장애인위원회를 두고 있으며, 국민의힘과 더불어민주당은 인권위원회를 두고 있다. 또한, 정당마다 차별성 있는 소수자를 위한 위원회를 두고 있다.

국민의힘은 상설위원회로 인권위원회, 약자와의 동행위원회 등을 두고 있다. 특히 당규 제4절 제24조에 있어, 북한 인권 및 탈북자·납북

**[표 6] 주요 정당의 소수자 관련 위원회 현황**

| 정당 | 소수자 관련 위원회 현황 | |
|---|---|---|
| | 공통 | 차별성 |
| 국민의힘 | 여성위원회, 장애인위원회 | 인권위원회, 약자와의 동행위원회(상설) |
| 더불어민주당 | | 인권위원회, 다문화위원회(상설) |
| 정의당 | | 성소수자위원회(부문 직능 과제) |

자 위원회를 규정하고 있는 것이 다른 당과 차별된다. 그런데 국민의힘의 약자와의 동행위원회가 어떤 활동을 하기 위해 설립되었으며, 어떤 활동을 하고 있는지 당헌, 당규 등을 통해서는 충분한 정보를 찾기 쉽지 않다. 다만, 2023년 1월 17일 국민의힘 공보실에서 낸 「정진석 비상대책위원장, 국민의힘 약자와의 동행위원회 설맞이 봉사 활동 주요 내용」[29] 보도자료에 의하면, 정진석 비상대책위원장이 "저희 국민의힘이 추진하고 있는 복지의 정책의 핵심은 약자복지다. 우리 연세 잡수신 어르신들도 사회적 약자이시다. 그래서 보호받으셔야 한다. 모든 약자 복지를 촘촘히 챙길 수가 없는데 복지의 사각지대란 것이 늘 존재한다. (중략) 복지의 사각지대를 찾아내서 그 아쉬운 부분, 그 애로사항을 메꿔서 조금이라도 우리 어르신들 정말 건강하게 또 외롭지 않으시게 생활하실 수 있도록 도움을 드리고자 하는 것이다"라고 발언한 부분을 통해서, 위원회 설립 취지를 엿볼 수 있을 뿐이다.

더불어민주당은 상설위원회로 다문화위원회를 두고 있다. 특히 다문화위원회는 타 주요 정당들에서는 찾아볼 수 없는 상설위원회로 당규 제5호 제58조(다문화위원회) 제1항에서 "다문화 가족과 자녀 지원에 대한 정책 수립 등을 위하여 최고위원회 아래에 다문화위원회를 둔다"라고 명시하고 있다. 그러나 이 위원회 역시 구체적으로 어떤 활동을 하는지 공개된 정보를 찾기는 어렵다. 더불어민주당은 인권위원회도 두고 있다. 당규 제5호 제57조(인권위원회) 제1항에서 "인권 옹호와 신장, 인권 정책 수립 및 인권 문제에 대한 사회적 관심 환기 등을 위하여 최고위원회 아래에 인권위원회를 둔다"라고 인권위원회의 목적을 밝히고 있다.

정의당은 부문 직능 과제 위원회로 성소수자위원회를 두고 있으며, "겉으로는 차별·편견 금지, 실제로는 성소수자 차별. 양의 탈을 쓴 늑대, 카카오톡을 규탄한다!"라는 성명서를 발표하거나, "성별 이분법적 혼인과 기존 가족 제도의 한계를 넘어 성소수자를 시민으로 호명하는 가족 구성권 3법 발의를 환영하며"라는 논평을 내는 등의 활동을 하였다. 또한, 당규 제4장 당원 교육에 따르면, 교육연수원은 활동가 교육에 성소수자위원회와 협의하여 마련한 성평등 교육을 포함해야 한다고 밝히고 있다.[30]

해외의 경우는 어떠한지 살펴보자. 대만의 민주평화당(Democratic Progressive Party)은 페이스북을 활용하여 '젠더 평등 부서', '원주민 부서', '청년 부서'와 같이 소수자 집단을 위한 정책 활동을 지원하고 있다.[31] 덴마크 사회민주당의 14명의 정치인은 성소수자 모임인 'LGBT(Lesbian, Gay, Bisexual, Transgender) 네트워크'를 구성하였는데, 이들 중 일부는 덴마크 전국성소수자협회(Landsforeningen LGBT Danmark)에 가입해 스스로 성 정체성을 공표하였다. 이뿐만 아니라 사민당을 제외한 다수의 덴마크 정당 내에는 성소수자 모임이 존재한다.[32]

이와 같이 해외 정당들의 경우, 보다 다양한 소수자 집단의 목소리를 대변하기 위한 정당 내 조직이 구성되어 있고, 활발한 활동을 하고 있다. 반면에 우리나라 주요 정당은 여성, 장애인 등의 일부 소수자 집단만을 위한 위원회가 조직되어 있고, 위원회 역시 활발한 활동을 하는 것으로 보이지 않는다. 소수자들의 실질적인 이해관계와 목소리를 대변하기 위해서, 정당 내 소수자 관련 위원회가 조직만 있지 활동은 안 하는 유명무실한 상태가 아니라, 활발하게 활동을 하고 그들의 활동 내역이 공개되는 그런 정당의 모습을 유권자들은 기대하고 있을 것이다.

### (5) 온라인 활동은 소수자 포용적인가

정당의 온라인 활동은 보다 소수자 포용적 관점에서 이루어져야 한다. 온라인 활동의 강화는 부족한 자원을 가진 소수자들의 정치 접근성을 높이는 데 크게 도움이 되기 때문이다. 해외의 경우 온라인상에서의 정당 활동이 소수자의 권익 보호와 다양성 증진에 기여하고 있는데, 그 예들을 살펴보자.

소수자 집단이 직접 온라인 정당을 만들어서 의회에 진출한 해외 사례는 아직은 거의 찾아볼 수 없다. 그러나 존재하는 온라인 정당이 소수자 집단을 위해 활발한 활동을 하여 다양성을 증진시키는 사례들은 존재한다. 아르헨티나의 네트 파티(Net party, Partido de la Red), 스페인 포데모스, 터키 이-파티(E-party), 프랑스의 굴복하지 않는 프랑스(La France Insoumise) 등이 그 예이다. 아르헨티나의 네트 파티는 데모크라시 OS(Democracy OS)를 이용하여 정책을 제안받고 입법화를 추진하는 활동을 하였으며, 터키 이-파티는 결성은 되었으나 정당법에 의해 정당으로 성장하지는 못하였다. 스페인 포데모스는 트랜스젠더의 실질적이고 효과적인 평등과 성소수자 권리 보장을 위한 개정안, 모로코인의 투표권 지지, 미등록 이민자의 합법화를 위한 법안 제출 등 다양한 소수자 집단을 위한 입법 활동을 하고 있다.

온라인 플랫폼을 활용하여 소수자 집단을 보호하는 정치권의 노력 또한 유럽 각국에서 진행 중이다. 에스토니아는 2022년 총선에서 장애인의 접근성을 높이기 위해 온라인 투표를 가능케 하는 정책을 제안하였고, 스코틀랜드의 최대 항구 도시인 글래스고(Glasgow)의 '참여하는 글래스고(Participatory Glasgow) 프로그램'은 장애인이 참여하고 발언권을 가질 수 있도록 지원하는 것을 목표로 하는 등 다양한 온라인 플랫폼을 활용하여 소수자들의 정치 참여를 보장하고자 노력한다.

'굴복하지 않는 프랑스'의 청년 조직인 '굴복하지 않는 청년'의 온라인 활동도 주목할 만하다. '굴복하지 않는 청년'은 온라인 중심의 캠페인 방식을 통해 2017년 선거에서 돌풍을 일으켰다. 세계 최초로 홀로그램 기술을 이용해서 파리와 리옹에서 동시에 타운홀 방식의 대중 캠페인을 하였고 이것을 다시 페이스북과 유튜브에 중계하였으며, 채팅앱과 트위터(현 X) 등 소셜 네트워크 미디어뿐 아니라 멜랑숑 후보가 주인공인 인터넷 게임을 만들어 캠페인에 활용하는 등 뉴미디어에 익숙한 청년 세대들에게 쉽게 다가갈 수 있는 방식의 캠페인을 진행하였다. '굴복하지 않는 청년'은 매우 열린 조직 체계를 가지고 있는데, 대표나 임원이 없고 따로 정관이나 개별 가입 절차도 존재하지 않으며, 가입은 온라인에서만 이루어지고, 당비 납부 의무가 없어 무료이며 다른 당에 대한 지지를 제한하지도 않는다. '굴복하지 않는 청년'의 공식 페이지 운영도 홈페이지 구축 기반 프로그램인 워드프레스(Wordpress)로 만들어졌는데, 이는 쉽게 접근할 수 있는 프로그램을 활용하여 청년 조직의 활성화를 도모하고자 한 전략이었다.

정당 소속 연구소의 온라인 활동도 소수자 보호에 기여할 수 있다. 현재 우리나라의 정당 연구소는 오프라인상의 활동마저도 미약한 상황이라 온라인상의 다양한 활동, 특히 소수자를 위한 활동을 기대하기에는 너무나 갈 길이 멀다. 여의도연구소와 민주연구원은 폐쇄적이고 일방적인 구조의 홈페이지를 운영하고 있다. 이런 현실의 우리나라 정당 연구소가 나아갈 길을 제시하는 해외 정당 연구소 사례가 있어 여기에 소개한다.

미국 민주당의 미국진보센터(Center for American Progress, CAP)는 온라인을 중심으로 정책 연구, 보고서 작성, 이벤트 개최 등을 수행하는 싱크탱크이다. 미국진보센터는 온라인 플랫폼을 통해 정책 아이디어를 공유하고, 토론을 이끌며, 정책 개발 시사점을 제공하고 있다. 연구소 소개 부분을 보면 다양성 배경을 가진 직원 채용 현황을 밝히고 있으며, 특히 '테이크 액션(Take Action)' 메뉴에서는 성소수자들을 위한 평등법(Equality Act) 제정에 대한 동의서를 받고 있다. 이처럼 소수자 권익 증진을 위한 활발한 온라인 활동으로 인해, 미국 펜실베이니아대학이 발간한 보고서(The Think Tanks and Civil Societies Program, 2020)에 의하면, 미국진보센터는 2020 최고의 옹호 캠페인(Best Advocacy Campaign) 부문에서 1위를, 최고의 소셜미디어와 네트워크 활용(Best Use of Social Media and Networks) 분야에서는 2위를 차지하였다.

온라인 플랫폼을 활용하여 사용자, 특히 부족한 자원을 가진 소수자의 접근성을 높이는 데 큰 영향을 끼친 해외 정당의 사례를 한 가지 더 소개한다. 덴마크 대안당 정치연구소(Political Laboratories)는 당 차원에서 추진할 정책을 크라우드 소싱을 통해서 제안받으면서, 덴마크 정계에 큰 영향을 끼쳤다. 대안당 당원들은 정치연구소에 의제를 발의한 후 웹사이트 토론을 통해서 의견을 나누고, 의제가 채택되면 당 의제로 발전시키는 과정을 경험한다. 합리적 정치 토론을 이끄는 기본 규칙이 정해져 있는데, 우선 유관 분야에 전문성을 인정받은 논문 2편 이상을 지정해야 하며, 이 논문을 바탕으로 집단 토론에서 논제로 다루고, 다양한 각도에서 각 정책 요소를 분석하고 장단점을 검토하게 된다. 토론 결과는 당원 2명이 요약하며, 요약본은 정책 초안으로 다듬어 정책 개발 과정으로 이어지는 구조를 가진다.

우리나라는 IT 강국이다. 눈부신 IT 기술을 소수자 포용적인 관점에서 사용하는 시도를 정치권이 해야 한다. 해외 사례들이 보여주는 것처럼, 우리나라의 정당 및 정당 연구소도 더욱 적극적으로 온라인을 활용하여 소수자들의 정치 접근성을 높이도록 해야 할 것이다.

* * *

이 글에서 제안한 소수자와 함께하는 정당 정치를 위한 과제들은 그리 어렵지 않다. 많은 해외 정당과 집단이 이미 시행하고 있는 것들이 대부분이다. 그들이 하고 있다면 우리도 할 수 있는 것 아닌가? 소수자들에게 놓여 있는 정당 체계 내에서의 여러 장애물을 제거해, 정치 접근성을 높이는 노력이 있어야 한다. 온라인 정당의 활성화, 사후 정당 등록제, 교섭단체 조건 완화 등은 소수자들이 집단을 이뤄 세력화를 했다고 하더라도 정치 과정에 직접적인 영향력을 행사할 수 없는 현실을 타개할 방안으로 고려해봄 직하다. 또한, 소수자들이 재정적 어려움으로 인해 정치 영역에 쉽게 진입하지 못하고 있다는 현실을 감안하여, 선거 펀드 보증제와 같은 재정적 지원이 강화되어야 할 것이다. 기존 정당들은 다양성을 관리하는 환경을 구축하고, 국민이 아닌 사람들도 정치에 참여할 수 있는 길을 열어줘야 할 것이다. 그리고 소수자의 실질적 대표성과 기술적 대표성이 동시에 강화되어야 하며, 이를 위해 소수자 대변인 제도의 신설 및 소수자 위원회의 활성화, 소수자 공천 할당제 등이 필요하다. 소수자 포용적인 관점에서 온라인 활동도 강화해야 한다.

이들 개혁 과제 외에도 우리나라 정당들이 소수자 보호와 다양성 증진을 위해 할 일은 또 있다. 무엇보다도 선거 제도의 개혁이 필요하다. 비례성이 높은 선거 제도는 소수자들의 정치권 진입을 획기적으로 늘릴 수 있을 것이다. 이렇게 된다면 소수자 집단에 속한 유권자들의 선택권이 강화되고, 입법 과정의 영향력이 커져 다양성이 넘치는 정치가 가능해진다.

선거 제도의 개혁이 정당 간 합의가 필요한 지난한 과정이라면, 그리 어렵지 않고 의지만 있다면 지금이라도 가능한 일로 소수자 친화적인 당헌·당규 및 다양성 강령 제정이 있다. 이들 규정은 정당이 지향해야 할 바람직한 가치를 명문화한 것으로써, 정당의 행동 방향에 대한 안내의 집합체라고 할 수 있다. 서구의 여러 민주적 정당은 소수자 친화적인 당헌·당규 및 다양성 강령 등을 제정하고 이에 맞춰 활동하고 있다. 문구로만 존재하는 규정이나 강령이 아니라, 실제로 소수자 포용적인 활동을 활발히 하고 있다는 점에서 제대로 된 소수자 보호 강령이 존재하지 않는 우리나라 정당과는 매우 다르다.

예를 들어, 캐나다의 자유당(Liberal Party)은 '2021 플랫폼(2021 Platform)'을 발표하면서, 다양성 증진을 위한 약속을 정당 주요 정책으로 규정하였다. 여기에서 캐나다 흑인 커뮤니티 지원, 흑인 연구자 지원, 성별 및 다양성 강조, '모두를 위한 보다 평등한 캐나다를 구축하기 위한 2015년 이후 주요 조치(Key Actions Since 2015 to Build a More Equal Canada for Everyone)' 등 총 192개의 의제를 다루고 있다. 특히

'모두를 위한 보다 평등한 캐나다를 구축하기 위한 2015년 이후 주요 조치'에서 2021년 8월 31일부터 직장에서 여성과 남성이 동일 노동에 대해 동일 임금을 받도록 하는 평등 임금법(Pay Equality Act) 통과, 흑인 주도의 비영리단체 지원, 장애인 지원, 성소수자 존엄성 보장 등 다양한 노력의 결과물을 제시했다.[33]

일본 입헌민주당 역시 강령에서 자유와 다양성을 강화하고, 인권을 존중하는 자유로운 사회를 추구한다고 밝히고 있다. 당 강령에서 "우리는 모든 차별에 대해 단호하게 싸웁니다"라고 밝히고, 젠더평등추진본부를 설치하였다. 해당 본부에서는 'national women's caravan' 활동을 진행하는데, 매우 구체적이고 자세한 활동 계획이 세워져 있다.[34] 2015년 영국에서 창설된 페미니스트 정당인 여성평등당(Women's Equality Party)의 활동도 주목할 만하다. 여성평등당은 2019년 지방선거에서 케이 웨슬리(Kay Wesley) 후보가 콩글턴 이스트(Congleton East)의 지방의회의원으로 당선되기도 하였는데, 성별 고정관념 타파 및 여성 안전, 평등 실현 등을 정당의 존재 목적으로 밝히며 당헌에 "더 위 코드(The WE Code)"라는 원칙하에 매우 구체적인 일곱 가지 달성 목표를 천명하고 있다.[35]

우리나라의 경우, 국민의힘, 더불어민주당, 정의당 등 주요 정당들이 당 강령, 윤리 규범, 당헌, 당규 등을 통해 다양성 확보에 대한 원칙을 명시하고 있으나, [표 7]에서 보이듯 구체성이 매우 떨어지며, 추상적인 표현으로만 채워져 있다. 또한, 이러한 규범을 바탕으로 어떤 활동을 언제, 어떻게 할 것인지에 대한 세부 실행 계획이 보이지 않는다.

몇몇 소수자 집단을 나열하고, 이들의 평등권 보장과 차별 철폐를 위해 노력하겠다고 다짐하는 구호 외치기로는 소수자와 함께하는 정당 정치는 이룰 수 없다. 구체성을 가진 규정·강령이 제정되어야 하고, 규정에 맞춘 중장기적인 활동 계획이 마련되어야 한다. 소수자를 보호하고 다양성을 강화하겠다는 정당의 의지만 있다면 지금이라도 바로 시작할 수 있는 것이 바로 당헌, 당규, 강령 등을 추상적인 표현들이 아니라 구체적인 계획으로 전환시키는 것일 것이다. 이것부터 시작해보자. 그리고 이어서 이 글에서 제안한 개혁 과제들이 하나하나 시행된다면 다수자뿐만 아니라 소수자까지 모두 다 참여하는 진정한 민주주의가 한국 정당 정치에 꽃피울 수 있을 것이다.

**[표 7] 주요 정당의 다양성 관련 규범**

| 정당 | 내용 |
|---|---|
| 국민의힘 | • (강령) 기본 정책 3 "약자와의 동행, 경제민주화 구현"<br>• (윤리 규범) "우리는 인권을 보장하고 정의가 구현되는 사회를 위해 헌신한다.", "우리는 사회적 약자, 소수자와 소외계층을 배려하고 보호한다." |
| 더불어민주당 | • (강령) [전문] "첫째, 특권과 차별, 불평등 없이 모든 사람이 기회를 갖고 역량을 발휘할 수 있는 공정하고 평등한 사회를 실현한다. (중략) 셋째, 사회적 약자를 존중하고 일하는 모든 사람의 노동권을 보장하며 보편적 복지를 추구하는 포용 사회를 실현한다."<br>• (강령) 9. 복지에서 "장애인 자활지원과 차별금지" "이주민과 다문화가족의 사회권 강화"<br>• (강령) 11. 성평등에서 "성평등 민주주의 구현", "남녀 모두가 행복한 사회"<br>• (윤리 규범) 제5조(품위 유지) ③ 당원은 여성·노인·장애인 등 사회적 약자를 비하하거나 지역·세대 등 국민 통합을 저해하는 언행을 하여서는 아니 된다. ④ 당원은 합리적인 이유 없이 성별, 인종, 피부색, 언어, 종교, 민족적 또는 사회적 기원, 재산 또는 출생 등을 이유로 차별을 하여서는 아니 된다. ⑤ 당원은 경위를 불문하고 상대방에게 성적 혐오감 및 수치심을 유발하는 발언 또는 행동을 하여서는 아니 된다. |
| 정의당 | • (강령) 정의로운 복지 국가 7대 비전 중 (5) 누구나 차별 없는 사회<br>• (당헌) 제1장 총칙 제2조 (목적) '누구나 존중받는 차별 없는 사회'<br>• (당규) 제13호 성차별·성폭력·가정폭력 등의 방지와 처리에 관한 규정에서 다른 정당과는 달리 성별 또는 성별 정체성, 성적 지향에 따른 폭력에 대한 내용 포함.<br>• (당규) 제14호 장애인에 대한 차별 방지와 처리에 관한 규정에서 다른 정당과는 달리 장애인 인권에 대한 내용 수록. |

## 요약

다수결 원칙이 지배적인 운영 원리로 작동하는 민주주의의 근본적 한계를 교정하고 성숙한 민주주의를 이루기 위해서, 소수자들이 다수자들과 함께 정치 공동체의 구성원으로서 자원 배분 과정에 참여하고 스스로의 이해관계를 대표하도록 하는 것이 필요하다. 무엇보다 소수자들이 직접 만드는 정당 정치를 위해서 여러 장애물을 제거하여 정치에 보다 용이하게 접근할 수 있도록 도와줘야 한다. 진입장벽은 정당의 설립 단계뿐만 아니라 운영 과정 등에 고루 존재하며, 다양한 측면에서 소수자의 정치 과정 진입을 가로막는다. 정치 참여 장애물 제거에는 재정적 지원을 강화하는 것도 포함된다.

기존 정당들이 소수자를 위해 할 수 있는 일도 여럿 있다. 측정 없이 다양성 관리가 잘될 수는 없기 때문에, 체계적인 다양성 관리 환경을 구축해야 하며, 누구나 당원이 될 수 있게 하여 정치 참여 권리를 보다 폭넓게 보장해야 한다. 또한, 소수자를 대표하는 '수'가 늘어나도록 하는 것과 함께 소수자 대표의 '질'도 높아져야 한다. 소수자 출신이 더 많이 국회에 진출할 수 있도록 하며, 당내에 소수자를 위한 정책 기구가 활성화되는 등의 개선이 필요하다. 그리고 기존 정당들의 온라인 활동도 소수자 포용적인 관점에서 더욱 활성화시킬 것을 제안한다.

**제2장**

# 세계 속의 정당

**조원빈**
성균관대학교 정치외교학과 교수

2023년 5월 부산에서 아시아 국가의 정당 모임인 아시아정당국제회의(International Conference of Asian Political Parties, ICAPP) 기업협의회가 창립총회를 열고 출범했다. 아시아정당국제회의는 아시아 지역 정당 간 정치적 이념과 배경을 초월해 세계 평화와 공동 번영을 위해 교류·협력하고자 2000년 출범한 국제기구로 현재 52개국 360여 개 정당이 가입하고 있다. 아시아정당국제회의는 이번 기업협의회 창립총회에서 기후위기 극복과 저탄소·신재생에너지 산업 발전 등 아시아 지역 공동 번영 방안을 논의했다. 창립총회 참가자들은 2개 세션으로 나눠, 첫 번째 세션은 '더 나은 미래를 위한 세계적 대전환: 기업 발전을 위한 정당의 역할'이라는 주제로, 두 번째 세션은 '아시아의 에너지 자립을 위한 탄소 중립화와 기후변화 대응'을 주제로 의견을 나눴다.[1]

이 장에서는 정당의 국제화 주제를 정당의 국제 연대와 국제 활동에 초점을 맞춰 소개한다. 정당이란 선거를 통해 정권을 획득하기 위한 정치 조직이다. 정치 조직이기 때문에 정당의 지지자와 당원들은 정치적 가치와 구체적인 정책 방향에 대해 공유하며 다양한 정당 활동에 참여한다. 우리에게 익숙한 정당 활동은 대부분 국내 이슈나 문제를 중심으로 이루어지기 때문에 정당의 국제 활동은 잘 알려지지 않은 분야이기도 하다. 사실 정당의 국제 활동과 그 활동의 국제 연대는 역사가 꽤 오래되었으며, 우리 정당도 제한적이지만 이들 활동에 참여해왔다. 이 장은 정당의 대표적 국제 연대 조직의 역사와 역할을 소개한다. 또한, 독일과 미국의 사례를 통해 정당 관련 기구가 어떠한 국제 활동을 벌이고 있는지도 설명한다. 이러한 정당의 국제기구와 정당 관련 기구들의 국제 활동에 대해 우리 정당은 어떻게 참여하고 있는지와 국회의원으로 구성된 국회 내 조직이 의회 외교를 어떻게 벌이고 있는지도 살펴본다. 마지막으로, 국제사회가 우리 정당에 기대하는 것이 무엇이며 우리 정당이 국제 활동에 참여하는 방안은 무엇인지, 이것들을 제시하려 한다.

## 1. 정당과 국제 활동

### (1) 세계 정당은 어떤 국제 연대를 구성하나

① 국제민주연합(International Democracy Union)

국제민주연합은 민주주의와 보수주의를 지향하는 정당의 국제적 연합체이다.[2] 1983년 6월 24일, 당시 영국의 마거릿 대처 총리를 비롯해 미국의 조지 부시 부통령, 독일의 헬무트 콜 총리, 자크 시라크 파리 시장 등 세계 각지의 저명한 인사들이 창립한 국제 조직이다. 국제민주연합은 서로 비슷한 관점을 지닌 세계의 중도우파 정당이 모여 서로의 생각을 공유하고 당면한 문제에 대해 공동으로 해결하기 위한 공동체이다.

국제민주연합의 회원 정당은 "국가는 자유민주주의의 이상, 개인의 자유, 개인의 주도권과 자유롭고 경쟁적인 기업 경제를 기반으로 하는 경제 성장의 필요성을 인식하고 발전할 경우에만 잠재력을 최대한 발휘할 수 있다"는 데 동의한다. 회원 정당은 국제민주연합을 통해 정책 아이디어를 교환하고, 정치적 논쟁에서 우위를 점하고, 선거에서도 승리할 수 있도록 서로 지원할 수 있다.

국제민주연합은 세계인권선언에 정의된 기본적인 개인의 자유와 인권을 포함하여 민주 사회의 기반이 되는 사회적·정치적 가치를 증진하는 것을 추구한다. 구체적으로 표현의 자유와 조직·집회 및 비폭력 저항의 권리, 자유로운 선거에 대한 권리와 정부를 견제하는 효과적인 의회를 조직할 권리, 자유롭고 독립적인 미디어에 대한 권리, 종교적 신념에 대한 권리, 법 앞의 평등, 개인의 기회와 번영 등이 보호되거나 확대되는 데 기여하는 것을 목표로 한다. 국제민주연합은 자유롭고 개방된 사회를 추구한다는 도덕적 약속을 강조하고, 가족 제도가 기본적인 사회적 결속력의 기본 단위임을 주장한다. 정치적 민주주의와 사유 재산은 자유와 분리될 수 없는 구성 요소이며, 사회 지향의 시장 경제가 개인의 정당한 열망을 충족시키기 위해 부와 물질적 번영을 창출하고 사회악을 퇴치하는 최선의 수단을 제공한다는 데 공통적으로 동의한다.

국제민주연합의 초대 의장으로는 당시 오스트리아의 국민당 당수였던 알로이스 모크가 선출되었고, 초대 사무국장으로는 영국 보수당의 스콧 해밀턴이 선출되었다. 국제민주연합의 최고 결정 기구로는 2년마다 열리는 당수 회의가 있으며, 당수 회의가 열리지 않은 해는 집행위원회가 개최된다. 국제민주연합 집행위원회에서는 지역 및 시사 문제에 대한 브리핑이 이루어지고 이에 대한 논의가 이루어질 뿐만 아니라 회원 정당이 논의를 신청한 이슈를 다루기도 한다.

국제민주연합은 집행위원회, 외교상임위원회 외에도 청년 리더 포럼 등의 행사를 개최하고 선거 참관 활동을 수행하기도 한다. 국제민주연합은 정치인과 당원을 위한 선거 캠페인 세미나를 조직하기도 한다. 이 세미나에서는 선거 캠페인 기술, 기금 모금 기술, 여론조사, 광고 및 캠페인 조직에 대한 노하우를 교환하기도 한다. 즉, 국제민주연합은 유사한 아이디어를 보유한 중도우파 정당이 선거에 승리하기 위해 경험을 공유할 수 있도록 하는 데 필수적인 역할을 담당한다.

현재 국제민주연합은 노르웨이 오슬로에 본부를 두고, 60개 이상의 국가들에서 80개가 넘는 정당로 이뤄진 정회원 및 준회원이 참여하고 있으며 옵저버 제도도 마련되어 있다. 국제민주연합 산하에는 권역별로 아프리카민주연합, 라틴아메리카민주연합, 아시아-태평양민주연합, 카리브해민주연합 및 유럽국민당과 유럽보수와개혁 등 6개 그룹이 있다. 또한, 국제청년민주연합과 국제여성민주연합 등 정치적 소수자들의 정당 활동을 지원하는 기구도 있다.

현재 의장은 2006년부터 2015년까지 캐나다의 총리를 역임했던 스티븐 하퍼이며 부의장은 2003년부터 2016년까지 호주 자유당의 연방

부장을 역임했던 브라이언 로우난이다. 주요 회원국 정당으로는 미국의 공화당, 영국의 보수당, EU의 유럽국민당과 유럽보수와개혁, 독일 기독민주연합, 캐나다 보수당, 일본 자민당, 대만의 국민당, 호주 자유당, 인도의 인도인민당 등이 있다.

국제민주연합은 2024년 4월 뉴질랜드 웰링턴에서 아시아태평양 국제민주연합 포럼을 개최했다. 이 포럼에는 전 세계 회원과 그 외의 중도우파 정책 입안자, 당 고위 간부 및 리더들이 한자리에 모여 상호 네트워크를 구축하고 모범 사례를 교환하여 자유와 민주주의라는 공유 가치를 지원할 수 있는 환경을 제공하려 했다. 최근 국제민주연합 포럼에는 현 가나 대통령 아쿠포 아도, 자메이카 총리 앤드류 홀네스, 전 미국 부통령 마이크 펜스, 미국 상원의원 마르코 루비오, 케빈 크레이머, 댄 설리번, 벨라루스 야권 지도자 스뱌틀라나 치하노우스카야, 전 영국 총리 트러스, 전 노르웨이 총리 솔베르그, 전 호주 총리 로리슨 등 고위급 인사들이 다수 참석했다.

② 진보동맹(Progressive Alliance, 2013~)

진보동맹은 독일 사회민주당과 그에 동의하는 세계의 여러 진보 정당이 설립한 국제적 정당 조직으로 이념적으로는 사회민주주의에 가깝다.[3] 진보동맹은 세계의 중도좌파 정당과 노동운동의 세계적 네트워크를 만드는 것이 목표이다. 미국의 민주당과 영국 노동당, 독일의 사회민주당 등이 진보동맹에 참여하고 있다. 한국의 정당 중에는 현재 진보동맹에 회원으로 참여하는 정당이 없다. 진보동맹은 진보적 노동조합, 성평등 및 LGBTQI 권리 등의 이슈를 다루는 시민단체, 싱크탱크 등과도 유기적인 관계를 수립하고 함께 활동한다.

진보동맹은 140개가 넘는 정당이나 그에 준하는 조직을 아우르고 있다. 진보동맹은 다양한 지역 단위 정당 네트워크를 구성하고 활발한 교류 활동을 벌여왔다. 예를 들어, 미주진보동맹, 유럽사회주의당, 유럽 의회 내 사회주의 및 민주당 그룹, 중앙아프리카민주동맹과 아시아사회민주주의네트워크, 아랍사회민주주의포럼 등이 대표적 지역 정당 네트워크들이다.

진보동맹은 진보, 사회민주주의, 사회주의, 노동당, 정치 조직 및 네트워크의 연합체이다. 국제적 수준에서 운영되는 여타 협회와 평등하고 보완적으로 구성된 진보동맹은 지역 및 초국가적 네트워크와 포럼을 기반으로 조직된다. 진보동맹은 전 세계의 정치적 도전에 대한 진보적이며 집단적으로 조율된 해답을 찾고, 선거 캠페인과 정책 이니셔티브 및 아이디어에 대한 정보와 경험을 교환한다. 또한, 진보동맹은 정당 조직을 강화하고 국제 캠페인을 지원하며 지역 네트워킹을 개선하고 연대할 수 있도록 플랫폼을 제공한다.

진보 정당의 네트워크인 진보동맹은 21세기를 민주적·사회적·생태학적 진보의 세기로 만들 것을 목표로 한다. 이 목표를 달성하기 위해 진보동맹은 동료 인간의 요구를 이해하고 이러한 요구를 충족시키기 위한 현대적인 정치적 접근 방식을 모색하고 있다. 좀 더 구체적으로 양질의 일자리 창출 및 실업 퇴치, 공정한 소득 분배 또는 부의 재분배 및 성평등을 보장하기 위해 사회의 불평등 증가에 맞서고, LGBTIQ 권리를 위해 싸우고, 편협함과 인종차별에 맞서 싸우며, 규제로 만연한 무질서한 금융 시장을 억제하려 한다.

**[그림 1] 진보동맹 조직도**

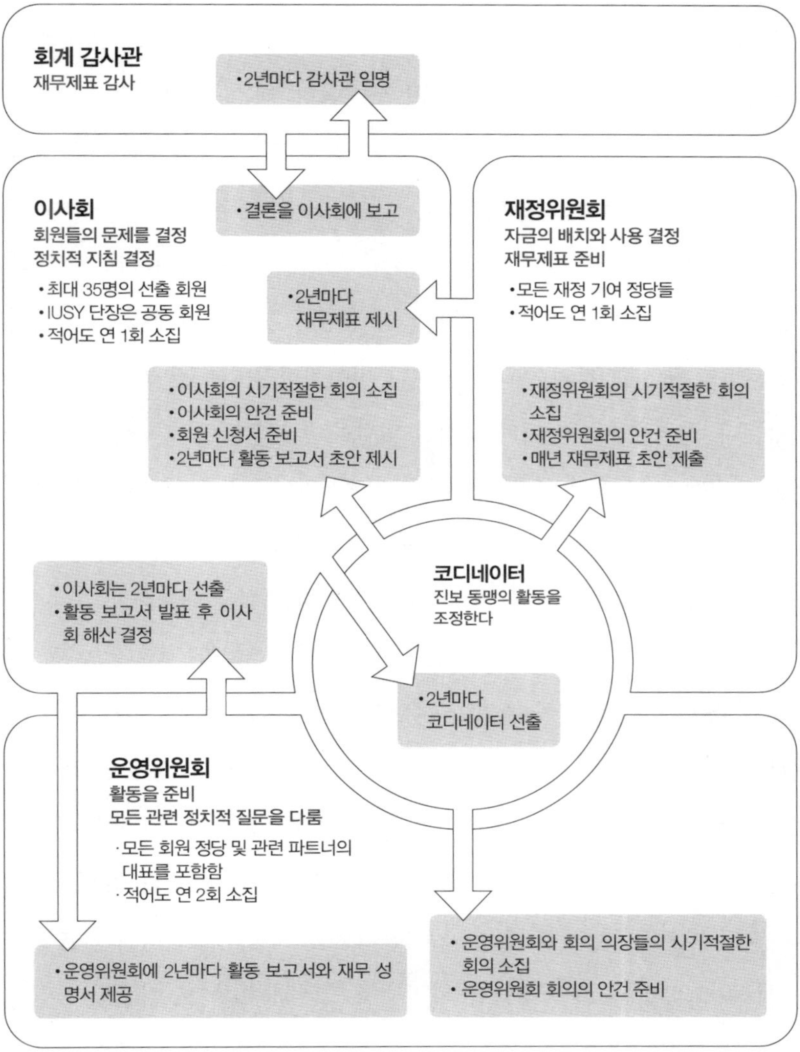
회계 감사관
재무제표 감사
•2년마다 감사관 임명
•결론을 이사회에 보고
이사회
회원들의 문제를 결정
정치적 지침 결정
•최대 35명의 선출 회원
•IUSY 단장은 공동 회원
•적어도 연 1회 소집
•2년마다
재무제표 제시
재정위원회
자금의 배치와 사용 결정
재무제표 준비
•모든 재정 기여 정당들
•적어도 연 1회 소집
•이사회의 시기적절한 회의 소집
•이사회의 안건 준비
•회원 신청서 준비
•2년마다 활동 보고서 초안 제시
•재정위원회의 시기적절한 회의 소집
•재정위원회의 안건 준비
•매년 재무제표 초안 제출
•이사회는 2년마다 선출
•활동 보고서 발표 후 이사회 해산 결정
코디네이터
진보 동맹의 활동을 조정한다
•2년마다
코디네이터 선출
운영위원회
활동을 준비
모든 관련 정치적 질문을 다룸
·모든 회원 정당 및 관련 파트너의 대표를 포함함
·적어도 연 2회 소집
•운영위원회에 2년마다 활동 보고서와 재무 성명서 제공
•운영위원회와 회의 의장들의 시기적절한 회의 소집
•운영위원회 회의의 안건 준비

출처: 진보동맹 홈페이지(저자 번역)

또한, 세금 탈루에 맞서 싸우고 급격히 이루어지는 기후변화 문제에 대응하고 지속 가능 경제, 사회·생태적 발전을 촉진하고, 글로벌 공공재로서 평화와 인권을 확보하려 노력한다. 다자주의를 지지하고 군축을 옹호하며 대량 살상 무기 확산을 중단하고 기아와 빈곤을 완전히 근절하는 것을 목표로 한다.

진보동맹은 근본적인 신념인 사회민주주의 가치를 공유하고 이미 서로 연결되어 있다고 느끼는 독립적인 정당을 위한 플랫폼을 추구한다. 진보동맹 구성원 간의 협력은 지시나 비현실적인 다수결에 기반을 두지 않는다. 협력은 아이디어와 도덕적 영감을 통해 발전될 수 있으며, 공통된 해결책을 찾는 데 중요한 기반이 될 수 있다고 받아들인다. 진보동맹은 파괴의 위협과 자유와 존엄 속에서의 생존과 관련된 질문에 대한 새롭고 국경을 초월한 해답을 찾아야 하는 환경에 적극 대응하고 있다.

진보동맹의 공식 창립은 독일 사회민주당의 전신인 독일노동총연맹 창립 150주년을 기념하여 2013년 5월 독일 라이프치히에서 열렸다. 진보동맹은 '진보, 민주주의, 사회민주주의, 사회주의, 노동운동'의 글로벌 네트워크를 구성하는 것을 목표로 한다고 선언했다. 이 창립 행사에는 전 세계 약 70개 사회민주주의 정당 대표들이 참석했다. 유럽의회의 사회민주당 진보동맹 그룹은 공식 창립과 동시에 진보동맹에 합류했다. 진보동맹의 많은 회원 정당은 사회주의 인터내셔널에도 가입되어 있다. 한국의 더불어민주당은 원래 창립 멤버였으나 2016년 탈퇴했다. 정의당은 옵저버로 참여했다.

진보동맹은 사회민주주의 가치를 공유하는 정당의 국제적 교류를 위해 다음과 같은 활동을 벌이고 있다.

우선, 진보세력 간의 교류를 위한 핵심 요소는 진보적 프로그램의 추가 개발이다. 진보동맹의 열망은 선거를 통해 정부의 권력을 획득하는 것일 뿐만 아니라 자신의 신념이 전 세계적으로 지속 가능하고 실현 가능하다는 것을 증명하는 것이다. 진보동맹은 평화와 민주주의, 인권, 사회정의, 양질의 일자리, 성평등, 이주, 기후변화, 지속 가능성 등 진보 정치의 가장 시급한 문제들을 다루고 있으며, 이를 세계 모든 지역에서 다양한 행위자인 노동조합과 시민사회, 싱크탱크 등과 협력하여 집중적으로 논의해왔다.

두 번째, 가장 진보적인 프로그램이라 할지라도 진보 정당이 선거에서 승리하고 정치적 책임을 질 기회가 주어지지 않으면 시행될 수 없다. 그래서 정당 조직과 함께 선거 캠페인 기술 및 전략에 대한 논의가 진보동맹의 주된 활동 중 하나이다. 진보동맹의 캠페인 세미나는 특히 호별 캠페인, 선거 캠페인의 성별 측면, 온라인 캠페인에서 사용되는 전략 등 성공적인 전략과 개념에 관한 실질적인 교류에 초점을 두고 있다.

세 번째, 노동운동 초기부터 국경을 넘는 연대는 다른 정치 운동과 구별되는 결정적인 특징 중 하나였다. '연대'라는 용어에는 공유된 공동체 의식과 상호 지원이라는 개념을 포함한다. 연대는 무력해 보이는 이들의 검이자, 동시에 변화를 가져오는 힘을 만들어낸다. 이것은 노동자 운동의 경험에 비롯된 것이다. 이에, 정치적 탄압과 박해를 겪고 있으며 자유·정의·연대라는 공동 가치를 수호하기 위해 투쟁하는 데 국제적 지원이 필요한 전 세계 동지들을 돕는 것이 진보동맹 모든 구성원의 주요 목표 중 하나이다.

### (2) 세계 정당은 어떻게 국제 활동을 하나

① 독일 콘라트아데나워재단

아데나워재단은 독일의 기독교민주당과 연계된 정치 재단이다. 특히 독일 연방공화국 초대 수장(1949~1963)이며, 기독교민주당의 창당 멤버였던 콘라트 아데나워(1976~1967)의 이름을 따서 설립되었다.[4] 아데나워재단은 1955년 '기독민주주의교육협회'라는 이름으로 처음 설립되었으며, 1964년 '콘라트아데나워재단'으로 개명하여 현재에 이르고 있다. 기독민주주의교육협회는 기독민주당의 유력 정치인들이 '기독교민주주의 정신에 바탕을 둔 체계적 시민 교육 프로그램'을 수행할 수 있도록 설립한 조직이다. 아데나워재단의 발전 과정에서 기독교민주당과 기독교민주당 출신 의원들이 중요한 역할을 수행했다.

아데나워재단은 국가와 세계적 수준에서 민주 시민 교육을 통한 평화·자유·정의를 증진한다는 것을 목표로 하고 있다. 이러한 목표를 달성하기 위해 네 가지 주요 과제(민주주의의 강화, 유럽 통합 증진에 기여, 범대서양 관계 확대, 개발 협력 증대)를 설정해 활동하고 있다. 아데나워재단은 정치에 관심이 많은 시민의 사회 참여를 장려하기 위하여 다양한 활동을 수행하고 있다.

첫 번째, 시민 교육을 담당한다. 재단은 시민들의 정치적 발언과 민주주의 참여를 지원하기 위한 온·오프라인 행사를 조직한다.

두 번째, 연구 용역을 주요 사업으로 한다. 특히 기독교 민주주의 운동의 발전 역사에 대하여 연구하고 기록한다.

세 번째, 정치 연구와 컨설팅을 수행한다. 재단은 국내·사회·경제·디지털화 정책 등 다양한 현안에 대한 해결책 개발을 실행한다.

네 번째, 유럽 통합을 지원하고, 국제 이해 증진과 개발 협력 프로젝트 지원을 담당한다.

다섯 번째, 국제 협력 사업으로 민주주의 확산과 법치 확산 프로그램, 그리고 전 세계에서 정치적으로 박해받는 민주 인사들에 대한 물질적·도덕적 지원 사업을 수행한다.

이외에도 재능 있는 젊은 인재의 교육과 훈련을 위한 장학 사업, 다양한 미팅과 회의, 토론회 등의 행사를 개최한다. 그리고 온·오프라인으로 활동 결과물을 출판하여 대중과의 접촉면을 확대하고 있다.

아데나워재단은 괄목한 만한 활동 실적을 양산하고 있다. 우선, 독일 내에서 18개 시민 교육장과 지역 사무소를 운영하고 있다. 재단은 독일 내에서 매년 2,500여 회 이상의 회의와 이벤트를 개최하고 있으며, 이들 행사에 약 14만 5,000여 명이 참여했다. 또한, 독일을 포함하여 전 세계적으로 매년 7,700여 차례의 회의와 행사를 개최하고 있다.

아데나워재단은 창립 초기부터 해외 활동에 많은 노력을 기울여 왔다. 특히 해외 협력을 전담하는 기구를 설립하여 운영하고 있다. 1962년 최초로 콘라트아데나워재단 '국제연대기구'를 설립하였으며, 1978년 국제협력국을 설립했다. 이후 1984년 국제연대기구와 국제협력국을 통합하여 '국제협력기구'를 설립하였다. 이 밖에도 아데나워재단은 107개 해외 사무소를 운영하고 있으며, 직원 숫자만 해도 737명에 이른다. 아데나워재단은 이들 해외 사무소를 중심으로 120개국 이상에서 200개 이상의 프로젝트를 수행 중이다.

아데나워재단은 독일 연방정부와 지방정부에서 지원되는 공적 자금으로 대부분 재원(2019년 약 99%)을 확보한다. 아데나워재단에 투입되는 공적 자금은 두 가지 유형으로 구성된다. 첫 번째, 공적 자금을 지원하는 기관들이 아데나워재단이 주관하는 프로젝트에 자금을 지원하는 프로젝트 파이낸싱이다. 프로젝트 파이낸싱은 전체 공적 자금의 78%를 차지한다. 프로젝트 파이낸싱으로 확보된 재정은 국제 협력 사업, 독일 학생 지원 프로젝트, 해외 학생 지원 프로젝트, 중요 문서 기록 보존 프로젝트 등에 사용된다. 공적 자금의 두 번째 유형은 기관 자금(혹은 세계 보조금)이라 불리는 것으로 전체 자금의 약 22%를 차지한다.

독일에서 아데나워재단을 포함한 정치 재단에 지원되는 공적 자금의 지원과 분배는 연방 예산 규칙과 보조 행정 규정을 기반으로 독일 연방 하원 예산위원회에서 결정된다. 독일에서 재단에 공적 자금을 지원할 때는 다음과 같은 조건을 충족하여야 한다. 우선, 지원 조건은 1968년 7월 14일 연방 헌법재판소의 판결에 따른다. 이 판결에 따르면, 정치 재단의 활동이 헌법에 부합해야 한다. 또한, 재단이 법률적·실효적으로 독립된 기관이어야 한다. 이에, 각 정치 재단은 자신들과 관련이 있는 정당로부터 일정 정도의 거리를 유지하여야 한다. 현재 독일 기관 자금(세계 보조금)의 정치 재단별 배분 현황을 살펴보면, 에버트재단이 30.29%, 아데나워재단이 29.57%로 가장 많은 기관 자금을 배정받고 있다. 아데나워재단은 기독교민주당과 긴밀히 연계되어 있지만, 동시에 재단은 주요 관심사와 법적 근거, 재정적 측면에서 기독교민주당으로부터 독립된 단체로 활동하고 있다.

### ② 독일 프리드리히에버트재단

프리드리히에버트재단은 독일에서 가장 긴 역사를 가진 정치 재단으로, 1925년 설립 이후 사회민주주의 전통을 지켜왔다.[5] 재단의 설립과 활동은 독일 최초의 민주 정부 대통령 프리드리히 에버트의 정치적 유산을 바탕으로 하고 있다. 에버트재단은 자유·정의·연대라는 사회민주주의의 핵심 이상과 가치에 중점을 두고 활동해왔다. 에버트재단은 비영리단체로서 자율적·독립적으로 활동한다. 에버트재단은 시대의 큰 흐름을 연구하고 있으며, 현재와 미래의 사회민주주의를 위한 새로운 아이디어를 개발하는 기관이다. 에버트재단은 혁신적인 해결책을 제시함으로써 교육과 컨설팅, 네트워킹 등을 통해 오늘날 우리 사회가 당면한 과제를 해결하려 하고, 독일뿐 아니라 유럽과 전 세계에서 미래의 공정하고 연대적인 사회를 구성하려 노력한다.

에버트재단이 목표로 하는 것은 다음과 같다. 우선, 재단은 모든 시민이 출신·성별·종교와 관계없이 정치적·경제적·사회적·문화적 참여의 기회를 동등하게 누리는, 연대의 가치에 기반한 자유로운 사회를 추구한다. 또한, 재단은 튼튼하고 활기찬 민주주의와 모두에게 양질의 일자리가 제공되며 지속 가능한 경제 성장을 추구한다. 에버트재단은 더 많은 교육과 의료 서비스를 제공하고, 빈곤 문제를 해결하며, 삶의 문제들로부터 시민들을 보호하는 복지국가 형성을 목표로 한다. 마지막으로, 재단은 유럽을 포함하여 세계 속에서 평화와 사회적 진보를 위해 책임 있는 역할을 수행하는 국가를 지원하는 것을 목표로 한다.

에버트재단은 이러한 목표를 달성하기 위해 다음과 같은 활동을 벌이고 있다. 우선, 재단은 시민 교육 프로그램을 통해 독일 시민들이 정치·노동조합·시민사회 영역에 성공적으로 참여할 수 있도록 동기를 부여하고, 역량을 강화하며, 충분한 정보를 제공한다. 또한, 재단은 시민들이 사회적 토론과 의사결정 과정에 더 적극적으로 참여할 수 있도록 지원한다. 에버트재단은 경제·사회·교육 정책의 핵심 이슈들은 물론 민주주의 발전 관련 이슈들에 대한 전략을 개발하는 싱크탱크 역할도 수행한다. 이와 더불어 재단은 여타 싱크탱크·학계·정치 활동가들이 만나는 지점에서 국가·유럽·세계 차원에서 정의롭고 지속 가능한 경제적·사회적 질서를 형성하기 위한 공적 담론을 생산한다.

에버트재단은 100여 개 국가에 소재한 사무소들의 국제적 네트워크를 통해 평화 협력과 인권을 위한 정책을 지지하고, 민주적·사회적·헌법적 구조의 수립과 공고화를 지원하며, 민주 노조와 튼튼한 시민사회의 활동을 지원한다. 또한, 유럽 통합 과정에서 사회적·민주적으로 경쟁력 있는 유럽을 만들기 위해 적극 활동한다. 이를 위해 특히 저소득 가정이나 이주민 가정의 학생, 박사 과정 학생을 지원한다. 이러한 활동은 궁극적으로 교육 민주주의를 강화하기 위한 지원이다.

이 밖에도 재단은 자신이 소유한 아카이브, 도서관, 현대사 프로젝트를 통해 사회민주주의와 노동조합의 역사적 뿌리에 생명력을 불어넣고, 사회정치적·역사적 연구가 진행될 수 있도록 지원한다. 이처럼 에버트재단은 진보적인 관점에서 정치 동향을 분석하고 역사적 근거에 기반한 주장을 펼침으로써 사회민주주의와 연대를 추구하는 사회 형성을 위해 노력해왔다.

③ 미국 국제공화연구소

국제공화연구소는 1983년 미국 민주주의를 위한 국가기금의 4개 핵심 기관 중 하나로 설립되었다.[6] 같은 해 국제공화연구소와 더불어 국제민주연구소, 국제노동연대센터, 국제민간기업센터 등이 출범하였다. 국제공화연구소는 1983년 설립된 이후 전 세계적으로 민주주의와 자유를 증진시키기 위하여 노력하고 있는 비정부 조직이다. 국제공화연구소의 이사회와 직원, 컨설턴트의 대다수가 미국 공화당 출신이다. 그렇지만 그 운영과 활동 등은 공화당과 연계되어 있지 않은 비정당 조직이라 할 수 있다. 국제공화연구소는 미국 내에서 활동하지 않으며, 미국 내 선거에 대해서 아무런 입장을 취하지 않는다.

국제공화연구소는 전 세계적으로 민주주의와 자유를 증진시키는 것을 목표로 설립된 조직이다. 국제공화연구소는 민주주의가 결여된 곳에서 민주주의를 장려하고, 민주주의가 위험에 처한 곳에서도 민주주의가 더 효과적으로 작동될 수 있도록 지원한다. 결국, 전 세계적으로 민주주의가 번창할 수 있도록 모범 사례를 공유하려 노력하고 있다. 1983년 설립된 이래 국제공화연구소는 현재 100여 개 국가에서 민주주의를 확산시키기 위한 다양한 프로그램을 수행하고 있다. 예를 들어, 여성민주주의네트워크와 아랍여성리더십연구소 등과 함께 다양한 국가에서 민주주의 확산을 위한 활동을 하고 있다.

국제공화연구소는 국제적 정치 조직으로 운영되며 특정 정당에 대한 교육과 필요한 지원을 제공한다. 구체적으로 국제공화연구소는 30년 이상 다당제와 민주적 거버넌스, 여성의 권리 확대, 시민사회 발전, 청소년 리더십 개발, 선거 과정 및 여론조사 강화 등의 주제에 대하여 전 세계 전문가들과 워크숍을 통해 민주주의를 강화하는 데 기여해 왔다. 설립 초기 국제공화연구소는 라틴아메리카 지역의 민주주의 제도와 그 과정에 중점을 두고 활동했다. 냉전 종식 이후는 그 활동을 전 세계적으로 확대해왔다.

국제공화연구소는 전 세계 민주주의 발전과 확산을 위한 국제적 조직으로 아프리카와 아시아, 유라시아, 유럽, 라틴아메리카 및 캐리비안, 중동 등지의 100개 이상의 국가에서 민주주의를 도입하고 발전시키는 다양한 프로그램을 수행해왔다. 예를 들어, 정당과 시민을 연결해주는 활동과 관련하여, 국제공화연구소는 2002년 독립한 동티모르에서 의원과 정당을 대상으로 민주주의 제도가 제대로 확립될 수 있도록 지원했다. 또한, 튀니지에서 2011년 민주화로 수십 년간의 일당 통치가 종식되자 정당이 설립되고 그들이 시민들의 요구에 더욱 신속하게 대응할 수 있도록 제도화하는 데 지원함으로써 튀니지의 민주주의 제도화에 기여했다.

또한, 시민이 중심이 되는 정부를 구축하는 활동으로 국제공화연구소는 부패 확산을 방지하기 위해 콜롬비아와 키르기스스탄, 우크라이나 등의 지방자치단체가 원스톱 조직을 설립하는 데 도움을 주었다. 이러한 시도는 시민들에게 한 기구를 통해 다양한 공공 서비스를 요구할 수 있고 좀 더 투명한 공공 서비스를 제공받을 수 있도록 함으로써 부패를 감소시키는 데 기여했다.

남녀평등과 여성의 역량 강화 활동과 관련해 국제공화연구소는 여성민주주의네트워크와 아랍여성리더십협회를 통해 여성의 역량을 제고시키기 위한 노력을 전개했다. 여성민주주의네트워크는 60개국 이상에서 여성의 정치 역량 강화를 위한 노력을 주도하고 있다.

선거와 관련된 활동에 관하여, 국제공화연구소는 아프리카 감비아에서 2016년 12월에 실시된 대통령 선거를 지원하고, 선거 이후에는 민주주의와 거버넌스 개선을 위한 프로그램을 수행했다. 국제공화연구소는 감비아 시민사회 활동가들을 위한 워크숍을 개최하기도 했다. 또한, 청소년을 대상으로 비폭력 유권자 교육 및 동원 프로그램도 설계하고 이를 실행하기 위한 지식과 기술, 도구 등을 제공하기도 했다.

국제공화연구소 자금은 대부분 민주주의를 위한 국가기금과 미국 국제개발처, 국무부 등에 의존한다. 또한, 유럽의 다양한 재단과 원조기관, 서방 국가들, UN 등으로부터도 자금을 지원받고 있다. 국제공화연구소 자금 중 민간 기금은 1% 미만이며, 공화당이나 여타 미국 정당 관련 단체로부터도 지원을 받지 않는다.

워싱턴 DC와 전 세계 현장에서 활동하는 국제공화연구소 전문가들은 다양한 지역 파트너, 시민사회 지도자, 언론인, 정책 입안자 등과 협력하여 민주주의 미래를 향한 길을 닦을 수 있는 전문 지식과 기술을 제공한다.

국제공화연구소는 한국에도 지부를 두고 활동하고 있다. 대표적인 사업이 북한 인권 문제와 민주주의 확산 등이다. 폐쇄된 북한에서 직접 활동할 수 없기 때문에, 국제공화연구소의 한국 내 업무는 우선순위 문제를 결정하고 잠재적인 미래 지도자를 육성하기 위해 탈북 청소년의 지적·사회적·정서적 역량을 구축하는 데 중점을 두고 있다. 국제공화연구소는 탈북 청소년들이 한국의 활기찬 정치 및 시민 생활에 참여하는 것이 미래의 민주화된 북한 또는 통일 한국의 지도자로 봉사할 수 있는 최선의 준비라는 전제하에서 활동하고 있다. 북한 인권 증진에 필요한 기술을 갖춘 젊은 민주주의 지도자들을 지원하기 위해 한국 내 국제공화연구소는 탈북민과 남한 청소년들에게 기술 훈련과 체험 학습 기회를 제공한다. 지역 청년단체는 한국에서 북한 인권에 대한 인식 제고 캠페인을 개발하고 운영하는 국제공화연구소 한국지부의 주요 협력자 역할을 담당하고 있다.

국제공화연구소 한국지부는 소셜미디어 홍보부터 연구·정책 개발·대중 연설에 이르기까지 다양한 영역에 대한 교육을 제공한다. 이러한 워크숍은 젊은이들에게 인식 캠페인을 주도하는 데 필요한 기술을 제공한다. 이러한 봉사 활동에는 북한의 인권 침해 문제 해결과 시민 참여를 위한 구체적 조치를 강조하는 소셜미디어 캠페인이 포함되기도 한다. 국제공화연구소 활동에는 국제 인권에 대한 대학 캠퍼스 타운홀 미팅 시리즈, 학생 단체가 음악과 코미디의 밤, 미술 전시회 등을 활용하여 북한 주민들이 겪는 곤경에 대하여 관심을 끌 수 있도록 소규모 보조금을 제공하는 사업도 포함된다.

④ 미국 국제민주연구소(National Democratic Institute, NDI)

미국의 국제민주연구소는 시민 참여, 개방성과 정부의 책무성 향상을 통해 전 세계 민주주의 제도화를 지원하고 강화하기 위해 노력하는 비영리·무당파·비정부 조직이다.[7] 1983년 창립 이래 국제민주연구소는 156개 국가 및 지역의 현지 파트너와 협력하여 개인 및 그룹을 모아 민주주의 확산과 관련된 아이디어·지식·경험 및 전문 지식을 공유해왔다. 국제민주연구소는 현지 파트너가 자국의 필요에 맞게 개발할 수 있는 민주주의 발전의 모범 사례를 폭넓게 접할 수 있게 다양한 방식으로 지원한다. 국제민주연구소의 다국적 접근 방식은 단일 민주주의 모델을 제시하지 않지만, 민주주의의 핵심 가치는 모든 민주주의 국가에

**[표 1] 국제민주연구소가 추구하는 민주주의 핵심 가치**

| 핵심 가치 | 내용 |
|---|---|
| 책무성 | 지도자는 공익에 반응해야 하며, 시민들은 경쟁적이고 대중의 의지를 명확히 반영하는 정기적이고 포용적인 선거를 포함하여 제도화된 견제와 균형을 통해 지도자에게 자신의 행위에 대한 책임을 물을 수 있다. |
| 투명성 | 정치 활동은 공개적으로 이루어져야 하며 대중의 감시를 받아야 한다. |
| 포용성 | 다양한 목소리와 견해를 추구한다. 이를 존중하며 혼합해야 한다. |
| 형평성 | 모든 시민은 다양한 조건에 따라 공정하게 대우받아야 한다. |
| 다원주의 | 자유롭고 개방적이며 평화로운 아이디어 경쟁이 보편적인 것으로 받아들여져야 한다. |
| 시민 참여 | 시민은 자신의 정치적·시민적 권리와 책임을 자유롭게 행사할 수 있어야 한다. |
| 법치 | 정당하게 선출된 대표가 공포한 법률은 보편적인 인권 원칙에 부합해야 하며, 독립적으로 판결되고 동등하게 적용되어야 한다. |

출처: 미국 국제민주연구소 홈페이지 내용(저자 정리)

서 공유된다는 메시지는 강조해왔다. 국제민주연구소가 추구하는 핵심 가치는 [표 1]과 같다.

국제민주연구소의 다양한 업무는 세계인권선언에 명시된 원칙을 지지하는 방향으로 이루어진다. 또한, 시민·정치 기구·선출직 공무원 간의 제도화된 의사소통 채널 개발을 촉진하고 모든 시민의 삶의 질을 향상시키는 데 기여하는 이들의 능력을 강화할 수 있도록 지원한다. 국제민주연구소의 주요 활동은 다음과 같다.

민주주의가 제대로 작동하려면 자신의 이해관계를 대변하고 집단적으로 활동하며 공적 업무를 담당하는 이들에게 책임을 묻는 방법을 이해하는 정보력 있고 활동적인 시민이 필수적이다. 수년 동안 국제민주연구소는 1만 5,000개 이상의 시민단체와 협력해왔다. 시민 및 유권자 교육, 투표 독려, 이슈를 조직과 옹호, 예산 감독 및 정부 모니터링을 포함한 국제민주연구소의 시민 참여 프로그램은 시민들이 정치 과정에 적극적으로 참여할 수 있도록 돕고 시민과 선출직 공무원 사이의 연결 고리 역할을 수행해왔다. 국제민주연구소는 동유럽의 집시, 라틴 아메리카의 원주민 등 정치적으로 소외되고 사회적으로도 소외된 집단과 협력하여 그들 스스로 존중받아야 할 존재임을 인식하고 영향력을 행사할 수 있도록 지원해왔다. 이처럼 국제민주연구소는 전통적으로 정부의 의사결정에 접근하기 어려웠던 시민들이 목소리를 낼 수 있도록 돕고 있다.

인터넷, 휴대폰, 소셜미디어는 시민들의 더 혁신적이고 참여적인 방식으로 정치에 참여할 수 있도록 돕고 있다. 국제민주연구소는 민주적 발전의 필수 요소로서 기술을 사용하는 선구자 역할을 수행해왔다. 국제민주연구소는 정부가 더욱 책임감을 갖도록 장려하고 시민 주도의 사회적·정치적 변화를 위한 기회를 창출하는 방식으로 시민을 옹호하고 동원할 수 있는 도구를 만들고 개선하도록 지원해왔다. 이와 더불어 국제민주연구소는 정부와 협력하여 유권자 서비스, 법안 추적 및 지원을 위한 더 나은 기술 솔루션을 개발할 뿐 아니라, 정당과 협력하여 기금을 모금하고 소외된 유권자에 집중하며 자원을 할당하는 등에 필요한 기술을 개발해왔다.

국제민주연구소는 효과적이고 민주적인 공공기관 개발을 자신의 임무 중 하나로 여기고 있다. 개선된 거버넌스를 통해 민주적 발전의 혜택이 시민의 삶에 가장 직접적으로 영향을 미칠 수 있기 때문이다. 이와 반대로, 공공기관이 효과적이고 민주적으로 기능하지 못하면 민주 개혁의 지속 가능성이 훼손된다. 급변하는 세계에서 민주적 제도는 신기술에 적응하고 시민의 기대를 변화시키는 데 있어 더욱 혁신적이어야 한다. 국제민주연구소의 거버넌스 프로그램은 입법부·행정부·지방정부 및 능력 있는 거버넌스 옹호자들과 협력하여 투명성·대표성·다원성·책무성이라는 민주적 가치에 부합하는 방식으로 운영되는 효과적인 공공기관 및 프로세스를 구축하기 위해 노력하고 있다.

선거 관련 프로그램에 대한 국제민주연구소의 접근 방식은 민주주의 제도화를 촉진하기 위해 선거 과정에 제공되는 기회를 극대화하는 것을 목표로 한다. 국제민주연구소 프로그램은 국제 표준과 시민 참여 동원의 실용성을 기반으로 선거 및 정치 과정의 무결성를 추구한다. 국제민주연구소의 선거 관련 활동은 민주적 거버넌스를 달성하고 정치 폭력의 가능성을 완화하며 사람들의 삶을 개선하기 위해, 유권자 및 선거 후보자로서 시민적 활동을 장려하기 위해 각 국가의 다양한 정치 과정에 맞춰져 있다. 국제민주연구소는 해외 선거 모니터링 분야에서 25년 이상의 경험을 보유하고 있다. 또한, 90개 이상의 국가 및 지역에서 다수의 여성과 청소년이 참여하는 정당 및 초당파 시민 선거 모니터링 조직의 선거 무결성 달성을 위한 노력을 지원한다.

여성들은 여아 교육, 산모 건강, 노동력 참여뿐 아니라 정치 분야에서도 상당한 진척을 이루어왔다. 지난 20년 동안 여성 의원 수가 전 세계적으로 11%에서 22%로 2배나 늘었다. 전 세계 장관 중 약 17%가 여성이며, 2015년에는 국가 또는 정부 수장 중 여성이 18명이었다. 여성의 정치 참여는 사회 변화를 가져온다. 연구에 따르면, 정치 영역에서 여성들은 다른 사람들이 간과하는 문제를 제기하고, 다른 사람들이 반대하는 법안을 통과시키고, 다른 사람들이 무시하는 프로젝트에 투자하고, 다른 사람들이 무시하는 학대를 종식시키려 노력하는 것으로 나타났다. 여성이 평화 과정에 참여할 수 있는 경우에 합의에 도달할 가능성이 조금이라도 높아지며, 평화가 최소 15년 동안 지속될 가능성이 35% 더 높아진다고 한다. 그러나 여성의 정치 참여에는 많은 장벽이 여전히 존재한다. 현재 진행 속도로 볼 때 정치적 평등은 2080년까지 달성되지 않을 것이며, 이로 인해 정치 영역에서의 평등은 여성이 직면하는 가장 큰 장애물이 될 수 있다. 그래서 국제민주연구소는 개인과 기관, 사회-문화 수준에서 성평등을 향한 진전을 가속화하기 위해 노력하고 있다.

정당은 민주주의의 필수 기관 중 하나다. 정당은 선거에 참여해 경쟁함으로써 시민들에게 통치에 대한 선택권을 제공하고, 야당으로서 정부에 책임을 물을 수 있다. 시민들이 정당에 가입하고, 자원봉사하고, 정치자금을 기부하고, 지도자에게 투표하는 것은 기본적인 민주적 권리를 행사하는 일이다. 시민들의 정당 참여는 정책 선택에 영향을 미

**[그림 2] 전 세계 국제민주연구소의 파트너 활동 국가들**

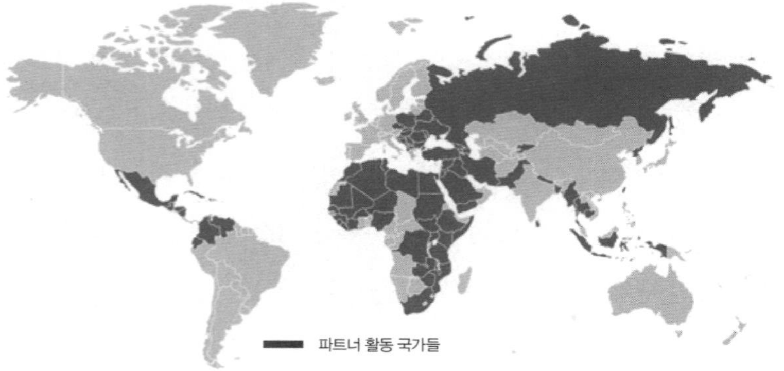


출처: 미국 국제민주연구소

치고, 정치 지도자를 선택 및 참여시키고, 공직에 출마할 기회를 포함해 고유한 이점을 제공한다. 그러나 일부 국가에서는 정당이 시민의 참여 권리를 존중하지 않으며 유권자에 대해 책임지지 않는다. 국제민주연구소는 시민들의 정치 참여를 위해 의미 있는 선택과 기회를 제공하고 활기차고 책임감 있고 포용적인 다당제 체계 개발을 지원한다. 국제민주연구소는 중도민주주의인터내셔널, 자유주의인터내셔널, 사회주의인터내셔널 등 3개의 가장 큰 국제 정당 그룹에 공식적인 지위를 갖고 있는 유일한 조직이다. 이러한 네트워크를 통해 국제민주연구소는 P2P 교환 및 상담을 촉진한다. 또한, 국제민주연구소는 정당과 시민사회, 언론, 선거 관리 기관 등 여타 기관 간의 건설적인 교류를 촉진해왔다.

## 2. 한국 정당의 국제 활동

### (1) 한국 정당은 어떤 국제 활동에 참여했나

국민의힘은 1990년 7월 전신인 민주자유당이 '아시아-태평양민주연합'에 가입함에 따라 국제민주연합의 회원이 되었다. 1992년 10월에 당시 민주자유당 김종필 대표위원이 스페인 마드리드에서 열린 국제민주연합 세계 당수 회의에 참석하여 수락 연설을 함으로써 민주자유당은 정식 회원으로서의 첫 활동을 시작했다. 이후 1995년 민주자유당 주최로 서울에서 국제민주연합 제6차 당수 회의가 개최되었을 때, 당시 김영삼 대통령이 당 총재 자격으로 참여해 "대한민국은 세계화 정책을 통해 개방을 더욱 확대하고 우리 사회의 모든 부문을 세계적 수준으로 끌어올리는 노력을 기울이고 있으며" 또 "인류는 분명 세계 공동체의 시대로 가고 있으나 이를 뒷받침할 질서는 아직 형성되지 않고 있다"고 말했다.[8] 이 당수 회의에는 29개국 30개 정당의 당수와 전·현직 수반, 각료 등이 참석했다.

2014년 11월 19일부터 사흘간 개최된 서울 국제회의에서 '자유와 민주주의의 도약-새로운 도전에 맞서'를 주제로 보수 정치의 미래와 세계 경제의 발전과 평화, 정당 간 교류 협력 및 우호 증진 방안 등에 대해 각국 정당이 의견을 교환했다.[9] 이 회의에서 당시 새누리당 김무성 대표는 한국 정당 정치와 민주화 발전 방향, 그리고 북한 핵과 인권 문제에 대한 기조연설을 했다. 한편, 한나라당의 박진 의원이 국제민주연합의 부의장을 맡았으며, 2021년 국민의힘의 김세연 전 의원이 부위원장을 맡기도 했다. 2022년 2월에는 이준석 국민의힘 대표가 스티븐 하퍼 국제민주연합 의장과 접견했다. 이처럼 국민회의는 보수주의를 강조하는 정당의 국제 연대인 국제민주연합의 회원으로 활동해왔다.

국민회의가 국제민주엽합의 회원으로 국제 이슈에 관심을 갖고 활동하는 제도적 근거는 무엇일까? 국민회의의 당 강령 중 국제화와 관련된 내용은 제10조 "우리는 자유민주주의에 입각한 평화통일이 한반도 전체의 번영과 발전을 가져올 수 있다고 믿는다"를 꼽을 수 있다. 이 강령은 국민회의가 정당으로서 관심을 갖는 대상을 한반도로 제한하고 있다. 구체적으로 '북한의 비핵화와 외교 지평의 확대'라는 목표를 달성하기 위해 "한반도 및 동북아, 세계의 평화와 번영을 선도하고 외교 지평을 확대하여 국제사회에 기여하는 능력 있고 믿음직한 중추 국가로 재도약한다. (…) 보편적 가치와 국제 규범에 기반한 동북아 질서 구축을 선도해 나가며 '인간 안보' 및 기후변화·사이버 등 새로운 위협 대처를 위해 글로벌 스마트 외교를 전개한다"로 구체적 실천 방향을 제시하고 있다.[10]

더불어민주당은 현재 진보 정당의 국제 연대인 진보동맹의 회원은 아니다. 더불어민주당이 국제 활동에 참여하는 사례를 찾아보기도 어렵다. 그럼에도 불구하고 더불어민주당도 정당의 국제화 주제와 관련된 당 강령을 제시하고 있다. 더불어민주당의 당 강령 중에는 "다섯째, 한반도 평화를 넘어 동아시아 및 세계 평화를 추구하는 나라를 지향한다"는 내용이 포함되어 있다. 우리가 분단과 전쟁의 역경을 딛고 고도의 경제 성장과 민주화에 성공한 역사적 경험을 바탕으로 평화라는 핵심 가치를 존중하고 이를 전 세계로 확산하는 데 기여한다는 의미가 포함되어 있다. 구체적으로 외교·안보 분야에서 공공 외교 추진을 강조하고 있다. "인류의 보편적 가치인 인권, 민주주의 구현과 함께 평화, 반테러, 비핵화, 기후 및 감염병 위기 대응 등을 실현하기 위해 국제사회와 적극 협력하고, 글로벌 선도국가로서의 위상을 확립해 나간다. (…) 한국 문화의 우수성을 알리고 다양한 문화 간 상호 이해와 교류를 증진함으로써 인류 공동체 강화에 기여한다"로 구체적인 실천 방향을 제시하고 있다. 또한, 경제 안보 외교 구현을 추구하기 위해 "개발 원조 사업의 통합적·효율적 추진을 통해 국익과 국제사회 공동 번영에 기여한다"고 적시하고 있다. 이처럼 한국 정당은 스스로 당 강령에 국제화와 관련된 내용을 포함하고 있다. 그럼에도 불구하고 이러한 내용은 선언 수준에 머물러 구체적인 활동으로 실현되지는 못해왔다.

① 의회 외교 활동

최근 미·중 전략 경쟁이 심화되고 우크라이나-러시아 전쟁과 이스라엘-하마스 전쟁 등으로 세계 질서가 매우 불안정한 상태로 변하고 있다. 이러한 변화에 대응하기 위해 각국은 치열한 외교전을 펼치고 있다. 국가의 외교 활동에는 정부 차원의 공식적 외교와 더불어 다양한 수준의 인적 네트워크를 활용한 비공식적 외교도 활발하게 이루어지고 있다. 후자의 대표적 사례 중 하나가 의회 외교다. 의회 외교란 국회의원, 의회 외교단체 등이 국내외 현안에 대한 지지 확보, 협력 증진 및 교류 확대 등을 목적으로 외국 의회, 정부, 기관 등을 대상으로 펼치는 외교 활동을 일컫는다. 의회 외교는 정부의 공식 교섭을 통한 해결이 어려운 경우 비공식적 네트워크를 통해 유연하게 접근할 수 있다는 점에서 정부 외교를 보완하는 역할을 수행하기도 한다. 현재 우리 국회의 의회 외교단체로는 의회외교포럼, 의원친선협회, 한·중 의회 간 정기교류 체제 등이 있다.[11]

② 의회외교포럼

의회외교포럼은 무역 의존도가 높은 우리나라의 특성에 맞춰 의회 외교 역할이 강화되어야 한다는 국회 내 공감대를 바탕으로 출범했다. 2019년 5월 '국회의원의 외교 활동 등에 관한 규정'이 개정되고, 6월에 '의회외교포럼 운영 지침'이 제정되면서 의회외교포럼의 제도적 근거가 마련되었다. 의회외교포럼은 전 세계 주요 거점 국가뿐 아니라 권역별로 국회의 외교 채널을 구축하는 것을 그 목적으로 하고 있다. 현재 국회에는 미국·중국·일본·러시아 주요 4강과 EU, 아프리카, 아세안, 중동, 남아시아, 중앙아시아, 중남미, 오세아니아 등 12개 포럼을 구성하여 활동하고 있다. 각 포럼의 회장은 국회의장이 임명한 중진 의원으로 선임된다. 포럼 회장은 국회의장과 협의를 통해 포럼의 임원과 회원을 구성한다. 포럼의 회장과 임원, 회원의 임기는 회장을 선임한 국회의장의 임기와 같다.

③ 한미의회외교포럼

한미의회외교포럼은 국회 내 미국을 대상으로 하는 유일한 의회 외교단체다. 2020년 11월 17일 21대 국회 전반기 의회외교포럼 출범에 이어, 2022년 12월 후반기 의회외교포럼이 출범했다. 여야의 중진 의원 2명이 각 포럼 공동 의장으로 위촉되었다. 21대 국회 한미의회외교포럼의 공식 활동으로 공개된 것은 2021년 7월에 개최되었던 '한미의회외교포럼-코리아스터디그룹 대표단 간담회'가 유일하다. 당시 한미의회외교포럼 소속 의원 8인은 미 의회 코리아스터디그룹 대표단 10인을 접견하고, 코로나19 팬데믹으로 인해 중단되었던 의회 교류가 재개되어 한미 동맹 현안 및 양국 의회 교류 관련 논의를 진행하였다. 한미의회외교포럼 출범으로 미국 의회와의 상시적인 의사소통 채널 구축 및 대미 의회 외교의 제도화·정례화가 기대되고 있다.

④ 의원친선협회

의원친선협회는 우리 국회와 상대국 의회 의원 간 방문 교류 및 친선 활동을 수행하는 의원 외교단체다. 1966년 한독의원친선협회를 공식 창립한 이래 현재까지 아시아-태평양주 21개국, 중동주 13개국, 미

주 22개국, 아프리카주 17개국, 유럽주 42개국 등 전 세계 115개국과 친선협회를 결성하고 있다. 협회당 회장 1인, 부회장 2인, 이사 4인 등 총 7명의 임·회원으로 구성되며, 임기는 4년이다.

⑤ 한·중 의회 간 정기 교류 체제

한·중 의회 간 정기 교류 체제는 2006년 중국과의 우호 협력 관계의 유지·발전을 위해 양국 의회 간 정기적 교류를 목적으로 '한·중 의회 간의 협력 의정서'를 통해 결성된 외교단체이다. 격년제로 운영되며, 양국 의원들이 번갈아 상대국을 방문하여 경제, 무역, 국제관계, 북핵 문제 등 현안을 포함한 다양한 의제를 논의한다.

또한, 우리 국회는 의원연맹을 구성하여 의회 외교 활동을 벌이고 있다. 의원연맹은 외교 활동을 목적으로 국회로부터 보조금을 지원받아 사업을 수행하는 국회 소관 사단법인으로서 설립 목적에 따라 자체적으로 외교 활동을 실행하고 있다. 의원연맹의 구성은 국회의원들의 자발적 참여를 기초로 하며, 기존 공식 의회 외교의 한계를 보완하는 차원에서 다양한 교류 및 협력 사업을 진행하고 있다. 현재 국회에는 6개의 의원연맹이 등록되어 있다. 한일의원연맹은 2016년에, 한중의원연맹은 2022년에 국회 소관 법인으로 설립되었다. 그 외에 국회스카우트연맹이 1991년, 한국아동·인구·환경의원연맹이 1994년, 아시아정당국제회의의원연맹이 2008년, 아시아인권의원연맹이 2011년에 국회 법인으로 설립되었다.

⑥ 한일의원연맹

역사적으로 한국과 일본 간 의원 네트워크는 양국 간 각종 현안 관련 갈등을 해결하는 비공식 외교 라인으로 기능해왔다. 한일의원연맹은 1972년 설립된 '한일의원간친회'를 근간으로 양측에서 각각 한일의원연맹과 일한의원연맹이라는 상설 기구를 설립하면서 결성되었다. 양측은 '한일의원연맹 규약'에 따라 각각 상임위원회와 특별위원회, 사무국 등 동일한 형태의 조직을 설치·운영하고 있다. 2022년 기준 164명의 우리 국회의원이 한일의원연맹에 참여하고 있고, 일본 측은 중의원과 참의원을 합쳐 239명의 의원이 일한의원연맹의 회원으로 등록되어 있다. 매년 합동 간사회와 총회를 개최하는 것을 원칙으로 하며 회의 장소는 한일 양측에서 번갈아 제공하고 있다.

⑦ 한중의원연맹

2022년 12월 2일 '성숙한 한중관계 발전을 통하여 동북아의 평화와 번영, 전 세계와 인류의 미래 발전'을 이룬다는 목적으로 한중의원연맹이 설립되었다. 우리 국회의원 105명이 회원으로 참여하고 있다. 한중의원연맹은 사무국을 갖춘 상설기구로서 한중관계의 주요 현안인 경제 협력 확대, 문화 콘텐츠 교류 활성화, 양국 국민의 우호 감정 제고 등에 관한 논의와 함께 의회 간 교류와 협력을 주도적으로 추진하여 한중 의회 외교의 획기적 강화에 기여할 것으로 기대되고 있다.

### (2) 정당의 국제 활동은 유권자에게 어떤 이익을 주나

앞에서 살펴보았듯이, 정당의 국제 활동은 매우 다양하며 활발하게 이루어지고 있다. 이 장에서는 대표적인 정당의 국제 연대 조직 두 가지만을 소개했지만, 더 많은 국제 연대 조직이 존재하며 활동하고 있다. 이들 국제 연대 조직은 지역별로도 하부 조직이 구성되어 있어 전 세계적 이슈뿐 아니라 특정 국가의 정당이 속한 지역 내 이슈에 대한 논의도 활발하게 이루어지고 있다. 이에 비해, 우리 정당 중에는 이들 국제 연대 조직과 그 하부 지역 연대 조직에 회원으로 가입한 정당도 있지만, 이들 조직에 가입하지 않은 정당이 대부분이다. 우리 정당 중에도 보수주의를 지향하는 정당도 있고 진보와 연대의 가치를 지향하는 정당도 있다. 따라서 자신이 추구하는 방향과 일치하거나 유사한 방향을 추구하는 정당의 국제 연대 조직에 회원으로 가입하고 그 지향하는 바를 국내 이슈에도 반영하고 국제적으로 확산시키는 데 기여할 기회를 확보할 필요가 있다.

우리 정부는 2024년 3월 18일부터 20일까지 3일간 '미래 세대를 위한 민주주의'를 주제로 제3차 민주주의 정상회의 장관급 회의를 영국·에콰도르·미국 정부와 공동 주최하였다. 이 회의에는 30여 명의 장·차관급 정부 대표와 주한 외교단, 시민사회, 업계, 학계 등 400여 명이 참석했다. 이 회의를 통해 우리가 자유·인권·법치의 보편적 가치에 대한 믿음을 바탕으로 발전시켜온 민주주의가 현재 한국이 누리는 창의와 혁신, 번영과 풍요의 기반이 되었다는 것을 강조하고 우리의 민주주의 발전 경험을 국제사회와 나누고자 했다. 다만, 이러한 중요한 회의를 정부가 주도하여 개최하는 것이 효율적인가는 고민이 필요한 문제다. 오히려 정당이 주체가 되어 민주주의 가치를 중심으로 국제적 연대를 과시하고 우리가 당면한 문제들을 공유하고 논의하는 모습을 보였을 때

좀 더 광범한 참여가 이루어졌을 것이다.

정당의 국제화 활동을 위해 우리 정당도 국가와 세계적 수준에서 민주주의에 대한 시민 교육을 통한 평화와 자유, 정의를 증진하는 것을 목표로 재단이나 기구를 수립할 필요가 있다. 설립된 정당의 재단이나 기구는 정치에 관심이 많은 유권자들의 정치·사회 참여를 장려하기 위하여 다양한 활동을 수행할 수 있다.

우선, 시민 교육을 담당할 수 있다. 우리 사회의 정치 이념 스펙트럼도 다양하다. 정치적 중립을 강요받는 공교육의 프로그램으로는 이러한 다양성을 충족할 수 없다. 보수적 유권자가 추구하는 민주주의 내용과 진보적 유권자가 추구하는 내용이 겹치는 부분도 있지만, 그렇지 않은 부분도 많다. 이러한 현실을 무시한 공교육 중심의 정치 교육은 그 내용의 민감성과 소위 중립성을 강조함에 따라 매우 제한적인 내용에 머무를 수밖에 없다. 그러므로 민주주의를 존중하고 그 체제 내에서 유권자의 지지를 받는 정당한 정치 조직인 정당이 스스로 추구하는 민주적 가치에 기반을 둔 내용으로 구성된 시민 교육을 담당하는 것이 우리의 민주주의를 더 활성화할 수 있을 것이다.

두 번째, 정당의 재단이나 기구가 국제 협력 사업을 통해 국제사회 내 민주주의와 법치, 인권 확산을 위한 프로그램을 개발하고 실행할 수 있다. 예를 들어, 권위주의 국가들에서 벌어지는 인권 문제에 대한 비판이나 평가, 개선 프로그램 개발은 정부가 주도하기에 민감할 수 있다. 그런데 정당이 주체가 되어 이러한 이슈에 대해 대응하면 외교적 갈등을 줄일 수 있다. 그뿐만 아니라 정당의 국제 네트워크를 통해 평화 협력과 인권을 위한 정책을 지지하고, 민주적·헌법적 구조의 수립과 공고화를 지원하며, 대상국 정당의 제도화와 더불어 시민사회 공고화를 지원할 수 있다. 이를 통해 신생 민주주의 국가들의 남녀평등과 여성의 역량 강화 활동과 관련된 프로그램을 개발해 내용과 재원을 지원하고, 정치로부터 소외된 집단이나 청소년을 대상으로 유권자 교육 프로그램을 개발해 실행할 수 있도록 파트너 정당을 지원할 수 있다.

마지막으로, 정당의 재단이나 기구는 국제사회에서 정치적으로 박해받는 민주 인사들에 대한 물질적·도덕적 지원 사업을 수행할 수 있다. 특히 재능 있는 해외 젊은 인재의 교육과 훈련을 위한 장학 사업도 운영할 수 있다. 이러한 활동을 통해 국제사회에 우리가 지지하는 민주주의를 확산하는 데 기여하고 국제사회에 대한 우리의 영향력을 확대할 수 있다.

* * *

1987년 민주화 이행 이후 35년이 넘는 기간 동안 우리는 민주주의 체제를 경험해왔다. 이 기간 중 이루어졌던 4차례의 정권 교체는 평화적이었으며, 유권자의 지지가 정권 획득에 얼마나 중요한지 보여주었다. 물론, 지난 35년 동안 주요 정당은 자신의 당명을 수시로 바꿈으로써 유권자에 대한 책임을 완화하려는 모습을 보여주기도 했다. 여전히 우리 정당과 국회의원에 대한 유권자의 신뢰도는 매우 낮다.

우리 민주주의 수준은 그 기대에 못 미쳐 많은 비판에 직면하고 있다. 이와는 대조적으로 국제사회는 한국의 민주주의를 성공적인 사례로 평가한다. 우리와 유사한 시기에 민주화를 경험한 다수의 신생 민주주의 국가 중 한국의 사례는 민주주의를 제도화하고 심화하는 과정에 있다고 평가받고 있다. 그래서 국제사회는 한국의 민주화 경험이 전 세계 민주주의 확산에 기여할 수 있으리라 기대하고 있다. 국제사회에는 여전히 민주주의 이행을 경험하고 있거나 민주화 이후 민주주의 제도화에 어려움을 겪고 있는 다양한 신생 민주주의 국가들이 존재한다. 이들 신생 민주주의 국가들에게 우리의 경험과 재원이 도움이 될 수 있다는 것이다.

신생 민주주의 국가에 대한 우리의 지원이 정부 차원에서 이루어지면 매우 민감한 문제가 될 수 있다. 신생 민주주의 국가의 정부 혹은 여당이 민주주의 확산이나 심화에 공감하지 않을 수도 있기 때문이다. 따라서 정당 수준에서 대상국의 정당 중 민주주의 제도화에 관심이 많거나 호의적인 정당과의 교류를 통해 우리의 경험을 공유하고 필요하면 프로그램을 통해 정당 활성화에 도움을 줄 수 있다. 특히 우리 정당이 가입한 정당의 국제 연대 조직을 통해서도 좀 더 자연스럽게 이러한 지원을 수행할 수 있다.

정당 수준에서 국제사회의 민주주의 확산과 심화에 기여할 기회를 갖는 것이 우리의 민주주의 수준을 향상시키는 데도 도움이 될 수 있다. 우리 민주주의 경험을 공유하고 대상국 정당의 필요에 맞춘 프로그램을 개발하는 과정에서 우리 정당도 우리의 민주주의 현실을 다시 바라볼 기회를 얻을 수 있기 때문이다. 물론 우리 정당이 국내 유권자나 미래의 유권자를 대상으로 민주주의에 대한 시민 교육을 담당하고 당원들이 적극적으로 정치에 참여할 기회를 제공함으로써 스스로의 제도화를 강화시킬 수 있을 것이다. 우리 정당의 제도화를 강화하는 것은 우리 민주주의의 심화에도 크게 기여할 것이다.

제3장

# AI 시대의 정당

**고선규**
일본 후쿠시마학원대학교 지역매니지먼트학과 교수

최근 기술이 발전하면서 영화나 SF 소설에서 볼 수 있었던 미래의 모습들이 현실로 나타나고 있다. 인공지능(Artificial Intelligence)이 등장하면서 인간의 이야기를 듣고 이해하면서 원하는 업무를 처리해주기도 한다. 챗GPT, 생성 AI가 일상화하면서 그림이나 동영상도 AI가 제작해 준다. 이제는 AI 요리사가 만들어주는 브런치를 먹고, AI가 만들어준 동영상이나 영화를 즐기는 모습이 일상이 되었다. AI 활용은 일상을 넘어 정치의 영역으로 확대되고 있다.

2018년 일본 지방자치단체 시장 선거에서 AI 로봇이 후보자로 출마하였다. 그리고 뉴질랜드 총선거에서도 AI 후보자가 출마하였다. 2023년 덴마크 국회의원 선거에서는 후보자가 아니라 AI 정당(Det Syntetiske Parti)이 비례대표 선거에 출마하였다. 물론 AI 정당이므로 당

대표는 AI이다. 덴마크 AI 정당은 챗봇 형식으로 유권자들과 소통한다. 물론 정책도 AI가 작성한다. AI 정당의 정책은 1970년 이후, 덴마크 정치에서 소수 정당이 표방한 정책 데이터를 학습하여 작성한다. AI 정당은 기성 정당이 관심을 가지지 않은 계층이나 분야를 대표한다는 것이 설립 목표이다. 이번 선거에서 AI 정당과 관련해서 가장 관심이 높았던 정책은 기본소득 제도, 국회의원 선출을 추첨제로 한다는 공약이었다.

AI 정치는 덴마크만이 아니라 노르웨이에서도 현실 정치에서 운영되고 있다. 노르웨이에서는 정당이나 정치가가 제시한 정책에 대해서 AI가 평가한다. AI 정당은 핀란드, 스웨덴, 일본, 뉴질랜드, 아르헨티나, 이집트, 튀니지, 폴란드 등에서도 활동하고 있다. 이러한 국가들에서 AI 정당 설립에 관련된 기술자·정치가들이 협력하여 '글로벌 AI 정당 연대'를 결성하였다. 글로벌 AI 정당 연대는 덴마크가 중심이 되어 추진하고 있으며 2025년에는 'Synthetic Summit 2025'를 계획하고 있다. 글로벌 AI 정당 연대는 지구적 차원에서 AI 정당, AI 정치 실현이 목표이다. 정치 영역에서도 AI 정당 관련 국제적 단체가 만들어질 만큼 진전되고 있다.

현재 운영되는 AI 정당은 기존과 다른 방식으로 유권자와 소통하기 때문에 정치 과정을 획기적으로 변화시킬 수 있을 것으로 예상한다. 덴마크 AI 정당은 빈곤과 격차 해소에 정책 포커스를 맞추고 있다. 특정 쟁점에 대해서 막대한 학습 데이터를 가지고 정책을 작성한다. 물론 24시간 365일 AI 챗봇이 유권자와 소통해서 정책을 만든다. AI는 방대한 자료를 학습하고, 실시간으로 유권자와 소통한다. 이러한 측면은 AI 정당이 가지는 장점이다. 그러나 인터넷 자료가 가지는 편향성 문제, 정책이 어떠한 과정을 거치고, 누구의 의견을 어떻게 반영하여 작성하였는지 알 수 없다는 문제는 단점이다.[1] 민주주의는 시민이 정치에 직접 참여하여 자신들 의사를 결정한다. 그렇지만 AI 정당은 시민을 대신하여 AI가 정책을 작성한다.

AI 정당과 관련된 이론적 논의도 다양하게 진행되었다. AI 정당은 대의제 민주주의부터 시작해 참여 민주주의, 숙의 민주주의, 리퀴드 민주주의(Liquid Democracy)[2] 그리고 증강 민주주의(Augmented Democracy)[3] 등 다양한 논의와 관련되어 있다. 우선, 대의제 민주주의는 인민이 권력·권한을 위임하기 위한 대표를 선출한다. 대표는 주기적인 선거를 통하여 재신임된다. 대표 선출은 지역 또는 인구수에 따라 정해진 선거구 단위로 이루어진다. 그러나 최근 대의제 민주주의의 다양한 문제점이 제기되면서 비판받고 있다. 권력자는 대표 기관·대표자를 장악하거나 대표자 선출 방식을 통제하는 방법으로 악용하기도 한다.

대의제 민주주의에서 낮은 정치 참여, 정치적 무관심은 비판의 대상이 되고 있다. 예를 들면, 유럽에서 EU 의회 의원 선거의 평균 투표율이 42%이다. 2021년 뉴욕시장 선거에서 투표율은 24%를 기록하였다. 일본 지방선거에서 투표율은 40%대를 기록한다. 2019년 기준으로 광역의회 의원 선거는 44.02%, 기초의회 의원 선거에서 투표율은 45.01%이다. 전체 유권자 반수 이상이 투표에 참여하고 있지 않다. 이렇게 낮은 투표율은 대표의 정치적 정당성을 위협하고 있다.

최근 각국에서 나타나는 대의제 민주주의 위기 상황은 정치·경제·사회적인 위기를 넘어 인류의 존망에도 위협적이라고 본다.[4] 더구나 민의를 무시한 권위주의적 지배와 정치·경제적인 양극화는 극단적인 대결 양상으로 나타나고 있다. 글로벌 규모의 금융 자본주의와 소수 지배

권력의 연계는 경제적 격차 확대, 부의 소수 독점을 만들고 있다. 경제적 부와 정치 권력의 소수 독점은 의회 정치, 개인의 투표 행위에도 부당하고 과도하게 영향을 미치고 있다.[5] 2016년 미국 대통령 선거 이후, 미국 정치에서 나타나고 있는 정치적 양극화, 백인-흑인 간 갈등 양상은 전형적인 민주주의 위기라고 볼 수 있다. 한국에서도 이러한 보수-혁신 진영의 정치적 갈등과 대립은 같은 맥락에서 이해할 수 있다.

대의제 민주주의가 가지는 이러한 문제 해결을 위해서 다양한 대안적 민주주의가 시도되었다.[6] 인터넷 기술이 도입되면서 온라인 정치 공간의 탄생을 계기로 직접 민주주의는 더욱 강조되고 있다. 직접 민주주의는 대표자를 우회하여 유권자가 직접 참여하여 결정하는 방식을 채택한다. 현대 사회에서 직접 민주주의 도입은 현실적으로 쉽지 않다. 전문적으로 정치에 종사하고 있는 대표에게도 처리 곤란한 다량의 입법안들이 심의되고 있다. 더구나 정치적인 전문 지식이나 시간이 없는 일반 유권자는 더욱 곤란하다.

예를 들면, 2015년에서 2016년까지 미국 연방의회 114차 회기에서 처리된 법률안 상황을 살펴보면, 하원에서 전체 6,536개 안건이 심의되었다.[7] 1일 평균 9개이다. 상원에서는 전체 3,548개 안건이다. 1일 평균 5개 법안이 심의되었다. 상원에서 성립된 법안은 329개이며, 회기와 휴일을 고려하면 1주일에 3개 정도씩 통과되는 상황이다. 이렇게 방대한 법안 처리는 유권자의 물리적 시간과 법안의 내용을 이해하기 위한 인지 능력을 초월하는 결과이다.

그러므로 유권자의 처리 능력 확장을 위해서 인공지능을 활용한다는 논의가 구체화되고 있다. 더구나 2022년 이후, 챗GPT가 일상화되면서 이러한 논의는 현실적으로 실현되고 있다.[8] 챗GPT 4.0 버전의 성능을 나타내는 OpenAI 보고서에 따르면, 미국 사법시험에서 상위 10%에 들어가는 실력을 보였다. 또한, 챗GPT 4.0은 미국 대학입학시험(SAT)에서 1,600점 중 1,401점을 획득하였다. 이것은 현재 우리가 사용하고 있는 챗GPT 4.0이 논리적 사고 능력이 있다는 것을 보여준다. 그리고 SAT 점수는 챗GPT가 수학적 사고 능력, 문장 독해력, 그리고 설명 능력에서 일정 수준 이상임을 드러내는 결과이다.[9]

챗GPT 이후, 생성 AI의 발전은 AI 에이전트·디지털 AI로 진화하고 있다. AI 에이전트 등장은 증강 민주주의 논의와 더불어 새로운 형태의 AI 정당 출현을 가능하게 한다. 증강 민주주의는 시민의 직접 참여보다 시민으로부터 위임받은 AI 아바타와 같은 AI 에이전트가 대신 정치 과정에 참여하는 시스템이다. AI 정당도 이러한 새로운 민주주의 시스템과 연계되어 출현하고 있다.

그러므로 이 글에서는 AI 정당이 어떠한 모습으로 운영되는지, AI 정당의 장점과 단점은 무엇인지 그리고 현실적으로 한국 정치에서 AI 정당이 등장한다면 정치 과정에 어떠한 변화가 나타나고, 위협 요인은 무엇인지를 분석한다. 기술적인 진보는 엄청난 사회적 변화를 초래하고 있다. 이러한 변화는 정치 분야에서도 새로운 이노베이션을 요구하고 있다. 향후 4~5년간 AI 정당은 어떤 정치적 변화를 초래할 것인지, 어떤 정당에 유리하고 불리할 수 있는지를 예측해본다. 마지막으로 AI 정당 시대에서는 민주주의 형태, 유권자의 정치 참여, 정당 참여는 어떻게 변화할 것인지를 예상해본다.

## 1. AI 시대 민주주의의 새로운 디자인

### (1) 통치 수단으로써 AI는 어디까지 활용할 수 있을까

우리가 AI에게 정치를 맡기는 것은 다름 아닌 통치 행위를 맡기는 것이다. 인간이 통치하는 기존의 정치와는 달리 AI가 통치하는 것을 의미한다. 현재로써 인간이 AI에게 지배받는 현실은 SF 영화 〈터미네이터〉, 〈매트릭스〉 등에서 접할 수 있는 영역이었다.

그러나 이 문제는 이미 AI 무기가 개발되고 일부가 전쟁터에서 활용되기 시작하면서 AI 무기가 인간을 살해하는 현실로 등장하고 있다. AI 무기는 킬러 로봇(Killer Robot) 또는 자율형 살상 무기 시스템(Lethal Autonomous Weapon System, LAWS)으로 구체화되면서 국제사회에서도 이를 둘러싼 논의와 거버넌스 문제가 이슈로 등장하고 있다. 이와 관련하여 2019년 8월, 자율형 살상 무기 시스템에 대한 국제적 합의가 이루어졌다.

이 합의에서는 AI 무기와 관련하여 '유의미한 인간의 관리(meaningful human control)', '유의미한 인간의 판단(meaningful human judgement)'하에 둔다는 원칙에 국제사회가 합의하였다.[10] 즉, 자율형 살상 무기 시스템을 인간의 관리하에 둔다고 합의한 것이다. 그러나 AI 기술의 실제적인 측면을 고려하면 이러한 합의는 인간이 윤리성을 강조하는 일시적인 조치에 불과할 수도 있다.

인공지능(AI)의 정치 참여는 현실적으로 세 가지 측면에서 논의할 수 있을 것이다.[11] 첫째, AI에게 정치 참여 권리를 인정하는 문제이다.

즉 이것은 AI에게 참정권을 인정할 것인가 하는 논의와 결부된다. 또한, 이 문제는 AI(로봇)에게 법적 권리, 도덕적 권리를 인정할 것인가 하는 논의와 연결된다. 이미 이러한 논의는 법학 분야에서 상당 부분 진행되고 있으며, 최근 로봇 윤리학, 로봇 법학 등에서 논의가 활발하게 진행되고 있다. 2017년 1월, EU 의회에서는 로봇에 대한 법적 권리 부여 문제가 법안으로 제출되었으며, '전자인간'이라는 법적 지위가 부여되었다.[12] 로봇에 대한 '도덕적 권리'나 '민사 청구권' 부여와 관련해서도 선행 연구가 적지 않다.

둘째, AI를 통치의 수단으로 활용할 것인가의 문제이다. 이 문제는 참정권과는 다른 관점에서 접근한다. 즉 인공지능이나 로봇에게 법적 권리, 도덕적 권리를 인정하고 부여할 것인가라는 문제와는 달리, AI를 단지 통치의 수단으로 활용하는 문제에 국한된다. AI가 통치의 유용한 수단이 될 수 있다면, 정치 과정에서 적극적으로 활용하자는 의견이다. 그렇다면 AI를 통치의 수단으로 이용할 때 제기되는 문제점은 무엇일까. AI 통치의 문제점은 이미 다양한 형태로 제기되었다. 예를 들면, 재판 과정에서 AI가 활용되면서 AI가 인간에게 사형을 선고하는 문제, AI 무기 사용으로 인해 인간이 AI에게 살해되는 문제 등이 전형적인 사례가 될 것이다. 무엇보다도 AI 무기의 대표적인 사용 사례는 2020년 1월 미국이 수행한 이란의 혁명수비대 최고사령관 솔레이마니 제거 작전일 것이다. 2022년 2월 러시아가 우크라이나 침공한 전쟁에서도 드론 공격은 전쟁의 주요한 형태가 되고 있다.

결국, AI가 통치 수단으로 활용된다면, 인간의 행동이나 판단이 AI에 의해서 규정될 위험성이 존재할 수 있다. 이러한 위험성은 AI 윤리 문제를 넘어서 현실적인 위협 요인으로 제기되고 있다.

셋째, 정치의 영역에서 AI에게 부여할 역할이 '도덕적 조언자' 정도는 가능할 수 있다는 논의이다. 이러한 관점은 AI에게 참정권 또는 법적·도덕적 권리를 인정하거나 통치의 수단으로 활용하는 데 정치적·윤리적으로 문제가 있다면, '도덕적 조언자'라는 최소한의 역할은 부여할 수 있다는 주장이다. 이러한 주장은 지금처럼 인간이 정책 결정이나 통치 행위를 수행하는 과정에서 참고 자료 또는 지원 역할로 한정시켜 활용한다는 것이다.

현실적인 관점에서 AI가 우리들의 권리를 대체하는 문제에 대하여 민감하게 반응하는 사람도 적지 않다. 그러므로 첫 번째, 두 번째 관점의 주장처럼 권리를 부여하거나, 통치 수단으로 활용하는 것은 다음 단계로 미루고, 현 단계에서는 유권자의 정치 참여나 의사결정을 지원하는 역할로 한정시키는 것이다.[13] AI 정당 논의도 이러한 관점에서 출발한다. 유권자 또는 정당이 자신을 대신하는 AI 에이전트를 보유하고, AI 에이전트에게 자신이 행사하는 권리를 위한 준비나 지원 수단으로 활용한다는 것이다. 그러나 AI 정당에서는 AI를 단지 수단이나 도구로만 활용하지 않고 유권자 자신의 권리를 AI 에이전트에게 위임할 수 있다는 점에서 기존 논의보다 진일보한 발상이다.[14]

2022년 11월 이후, 챗GPT 등장은 정치적으로도 다양한 논쟁거리를 제공하고 있다. 챗GPT의 등장과 AI 기술의 비약적인 발전은 정치 영역에서 활용도를 높이고 있다. 챗GPT는 대규모 언어 모델(LLM)에 기반하고 있어서 인간과 유사한 언어 구조를 가진다. 달리 이야기하면, 인간처럼 학습하고 예측 알고리즘 기술을 가진 존재임을 의미한다.[15]

이렇듯 AI 기술의 발달은 정치 과정이나 통치의 수단으로 활용될 가능성을 높이고 있다. 이미 여러 나라에서 AI 정치와 AI 정당이 등장하고 있다. AI가 통치의 수단이나 정치 과정의 행위자로 참여하는 것은 정치학의 본질인 권력 문제와도 연결된다. 그러므로 AI 정당 문제는 미룰 수 있는 문제가 아니다. 그 이유는 AI 정당은 정치의 본질과도 연결되며 민주주의에도 막대한 영향을 미치기 때문이다.

### (2) 위임 민주주의 혹은 증강 민주주의?

대의제 민주주의가 가지는 문제점을 해결하기 위하여 다양한 대안이 시도되고 있다. 참여 민주주의, 숙의 민주주의 그리고 디지털 민주주의를 전제로 한 리퀴드 민주주의가 논의되었다. 그리고 최근 증강 민주주의, 하이퍼 민주주의(Hyper Democracy)가 등장하고 있다.[16]

리퀴드 민주주의는 정보화 사회와 SNS 정치 커뮤니케이션 발달로 가능하게 되었다. SNS 활용으로 유권자의 정치 참여와 투표를 구상하는 정치 시스템이다. 실제로 스웨덴, 독일의 해적당에서 당내 의사결정 시스템으로 활용하였다.[17] 증강 민주주의는 최근 급속도로 발전하고 있는 AI 기술을 활용하는 정치 참여 시스템이다. 디지털 트윈(digital twin), 아바타, SW 에이전트, AI 에이전트 등 디지털 에이전트를 활용하는 민주주의 제도이다.

리퀴드 민주주의는 위임 민주주의(Delegative Democracy)라고도 부른다. 리퀴드 민주주의는 유권자가 어떤 안건에 대해서는 직접 참여하거나 다른 안건에 대해서는 대리자를 위임할 수 있는 방식이다. 즉, 직접 민주주의와 대의제 민주주의가 혼합된 정치 시스템이다. 그리고 타인으로부터 위임받은 대리인도 자신의 의사는 물론 위임받은 다른 사람의 의사도 위임할 수 있다. 이렇게 위임과 대리 위임은 무한 반복될 수 있다. 이러한 위임 민주주의는 유권자가 특정 안건에 대해서는 직접 참여할 수 있다는 점이 기존 대의제 민주주의와 차별적이다. 위임 민주주의는 대리인의 위임을 통해서 대표의 부담을 덜어주는 장점이 있다. 그러나 위임받은 대리인이 다른 대리자에게 위임하는 방법도 허용하면서 결국은 소수 대표 현상이 유지된다는 점에서 비판이 적지 않다.

최근 AI가 정치 분야에 등장하면서 민주주의 운영에 필요한 정치 커뮤니케이션 활성화가 가능해졌다. 직접 민주주의에는 정치 커뮤니케이션이 필수 불가결하다. 그러나 정치 커뮤니케이션의 활성화만으로 직접 민주주의에 필요한 유권자의 인지 능력 한계가 저절로 해결되지는 않는다. 그러므로 유권자의 인지 능력을 확장해주는 새로운 시스템이 필요하다. 이러한 대안으로 등장한 것이 증강 민주주의이다.

증강 민주주의에서는 인지 능력을 초월하는 규모의 정치 커뮤니케이션이 가능하다.[18] 증강 민주주의는 정치적인 문제를 처리하도록 지원하는 디지털 기술을 전제로 하기 때문이다. 이러한 기술을 활용하면 유권자는 정치 커뮤니케이션 부담에서 벗어나 보다 현명한 결정이 가능하게 될 것이다.

증강 민주주의는 기존 대의기구에서 처리하는 다량의 법안이나 정책 심의에도 대응할 수 있다. 증강 민주주의는 대의제 민주주의에 직접 민주주의와 AI 에이전트 기술을 결합한 방식이다. 대표자를 선출하고 대표자에게 위임하는 방식 대신 AI 에이전트를 활용한다. 최근 화제가 되는 생성 AI처럼 유권자 의사가 반영된 결과물이 자연스럽게 만들어진다.

증강 민주주의 시스템에서 AI 에이전트는 유권자 자신의 정치적 성향을 학습한다. 유권자는 자신과 정치적 성향이 같은 AI 에이전트를 만들 수 있다. 민주당 지지자, 공화당 지지자 성향의 AI 에이전트도 가능하다. 그리고 공화주의자, 자유주의자의 AI 에이전트도 가능하다. 그리고 이러한 정치적 성향을 적정한 비율로 혼합하는 것도 가능하다. 정책에 대해서도 진보·보수와 같은 정치적 이데올로기도 학습한다. 젠더, 인권, 기후변화, 아동 노동, 공정 무역, 전쟁, AI 윤리 등에 대한 입장 표명도 가능하다. 선거 때마다 각 정당이 제시하는 매니페스토 형태의 수천 가지 공약 패키지를 분석하여 개별 공약마다 찬성·반대하는 것도 가능하다.

증강 민주주의 시스템에서 유권자는 개별적으로 대표를 둘 수 있다. 유권자 수만큼 대표자가 존재할 수 있다. 유권자 각자의 AI 에이전트가 입법 과정에서 법안을 심사하고, 찬성·반대 의사도 표시한다. 법률 채택 과정에서 유권자는 AI 에이전트를 통해서 직접 투표에 참여할 수 있다. 증강 민주주의 시스템에서 유권자는 자신의 AI 에이전트를 만드는 것도 간단하다. 시스템에 로그인하여 AI 에이전트에게 자신의 정치적 성향이나 관련 데이터를 제공하면 된다. AI 에이전트는 일상적인 정보, 쇼핑 정보, 독서 이력, 정당 지지, 정책적 관심, SNS 정보 등으로 유권자의 정치적 성향을 학습한다.[19]

이러한 증강 민주주의 시스템은 과제도 존재한다. 알고리즘을 어떻게 학습시킬지, 데이터 안전성을 어떻게 확보할 것인지, 그리고 시스템이 민주적으로 작동하고 있는지 검증이 필요하다. 더구나 남녀노소 누구나가 증강 민주주의 시스템에서 참여하고 활동하기 위해서는 AI 리터러시 문제가 해결되어야 한다. 즉 고령자도 손쉽게 사용할 수 있는 방법 개발과 활용이 간단해야 한다.

## 2. AI 정당은 어떻게 가능할까

### (1) AI 에이전트는 무엇이며 어떻게 움직이는가?

최근 생성 AI 기술이 발전하면서 다양한 형태의 인공지능 시스템이 등장하고 있다. 학습 데이터가 증가하면서 유능한 인공지능(Artificial Capable Intelligence)이 늘어나고 있다.[20] 유능한 인공지능의 등장은 경제 전략 작성뿐만 아니라 선거 전략, 사회적 인프라 운영도 담당하고 있다. 챗GPT 일상화는 다양한 가능성을 제시해주었다. 그러나 사용 과정에는 많은 '번거로움'도 동시에 안겨주었다. 우리가 챗GPT를 효율적으로 사용하기 위해서는 적절한 프롬프트 입력이 필수적이다. 챗GPT와 같은 수동형 AI의 한계를 극복하는 방안으로 AI 에이전트 기술이 급속하게 발전하고 있다. AI 에이전트는 사용자가 부여하는 목적이나 결과물 도출을 위해 '작업 수행 계획서'를 작성한다. 작업을 수행하는 계획이나 공정에 대해서 사용자와 상호작용도 가능하다. 즉 사용자 의견이 반영된 작업 공정표를 작성해준다. AI 에이전트는 공정표를 토대로 스스로 사고하고 판단해서 목표에 도달할 때까지 작업한다.

AI 에이전트는 다음과 같은 네 가지 요소로 구성되며, 이러한 요소 간 상호작용으로 이루어진다.[21] 그럼 AI 에이전트의 구성과 역할에 대해서 살펴보기로 하자.

AI 에이전트는 사회경제적 속성(Profile), 기억(Memory), 계획(Planning), 행동(Action) 4가지 요소로 구성된다. 이 4가지 요소는 상호작용하면서 목표를 달성한다.

첫째, 사회경제적 속성은 인간의 연령, 성별, 직업, 거주지 같은 기존 정보이다. 그리고 민족성, 아이덴티티, 사회적·정치적 입장이나 성향 같은 심리적 요인도 포함한다. 정당이나 단체에서 직위나 역할 등도 해당한다. AI 에이전트에게 사회경제적 속성을 부여하는 이유는 정치적 대표나 정책 결정, 입법 과정에서 역할을 명확하게 부여하기 위해서이다. 정치 분야 분석에서도 데이터 전문가 역할을 부여할 수 있기 때문이다.

최근 챗GPT 활용에서도 통상적으로 '국회의원, 지방의원, 자치단체장, 판사, 정책 보좌관' 등 역할을 부여하고, 역할에 따른 미션 수행을 요구한다. 챗GPT 프롬프트 입력에서 특정한 입장이나 직위에 따른 업무 수행 또는 해결 방안을 요구하고 있다. AI 에이전트에게 사회경제적 속성 부여는 AI 정당에서 특정한 역할과 그에 따른 성격 부여에 필요하기 때문이다.

연령, 민족성, 성별, 정치적 성향과 같은 사회경제적 속성은 대규모 언어 모델 학습 과정에서 편향성(bias)을 가지기 쉽다. 그러므로 편향성을 조정하는 과정이 필요하다. 조정 과정과 더불어 다양한 AI 에이전트가 상호 커뮤니케이션하는 과정에서 다양성을 확보하는 작업이 필요하다. 사회경제적 속성에서 AI 에이전트는 특정한 성격(예를 들면 MBTI)을 가질 수 있다.[22] MBTI 이론은 외향성(E), 내향성(I), 감각형(S), 직관형(N), 사고형(T), 감정형(F), 판단형(J), 지각형(P)의 조합으로 구성된다. 이러한 기준에 따라서 AI 에이전트의 성격을 부여할 수도 있다.

둘째, 기억은 학습한 데이터나 텍스트를 보관하는 기능이다. 기억은 학습하는 존재인 인간의 기억과 같다. AI 에이전트는 컴퓨터와 마찬가지로 업무 수행에 필요한 자료나 데이터를 검색·저장·활용한다.[23] 기억 기능은 컴퓨터의 일상적인 기능임에도 불구하고 AI 에이전트와 관련해서 중요한 기능으로 '기억'을 필요로 한다. 인간에 비유하면, 어릴 때부터 경험이나 학습은 성장하면서 기억되고 축적된다. 시간이 지나면서 경험이나 노하우는 축적된다. 이러한 축적을 통해서 인간은 현명한 결정이나 정치 참여에 필요한 기술이나 노하우를 만들어간다.

AI 에이전트의 기억 기능은 챗GPT에서 볼 수 있는 바와 같이 대규모 언어 모델의 기억 용량의 한계를 해결하는 의미에서도 필요하다. 대규모 언어 모델에서 데이터 용량의 단위는 토큰이다. 영어에서 1개 단어가 1토큰이다. 일본어, 한국어는 1문자가 대체로 1~2토큰이다. 챗GPT 3.5 모델에서 한 번에 처리하는 토큰 수는 4,096토큰이며, 한글로 3,000자 정도이다. 챗GPT 4.0 모델에서는 1회에 8,192토큰 정도이다. 대체로 6,000자 정도이다. 챗GPT 3.5-16k는 1만 6,384토큰, 챗GPT 4.0-32k는 3만 2,768토큰 정도를 처리한다.[24] 이러한 데이터 용량의 한계를 극복하기 위해서는 기억 기능이 필요하다.

또한, AI 에이전트에서 기억은 단기 기억과 장기 기억으로 나눈다. 현재 발생한 정치적 상황이 과거의 기억인지, 현재 발생하고 있는 상황인지를 구별할 필요가 있기 때문이다. 단기적 기억은 직전의 인식을 일시적으로 저장해두는 형태로 보관된다. AI 에이전트는 단기 기억의 맥락에서 현재 발생하고 있는 상황을 인식한다. 반대로 장기 기억은 과거 경험에서 학습한 교훈, 노하우 등 학습의 추상적인 함의로서 기억·축적된다. AI 에이전트에게 장기 기억은 행동이나 성과의 질을 높이는 데 활용된다. 장기 기억은 성찰적 반영(reflection)의 형태로 AI 에이전트에 저장된다.

AI 에이전트는 기억을 소환하는 기준으로 최신성(recency)·중요성(importance)·관련성(relevance)에 따라서 작동한다. 최신성은 가장 최근의 기억을 가장 우선시하는 행동이다. 그리고 중요성은 AI 에이전트가 중요하다고 생각하는 기억에 가중치를 둔다. 관련성은 현재 상황에 관련성이 가장 높다고 판단하는 기억에 높은 우선순위를 부여한다.

셋째, AI 에이전트의 구성 요소에는 '계획'이 포함된다. AI 에이전트에게 계획은 업무 추진에 필요한 로드맵이나 과업 지시서와 같은 기능을 한다. 인간의 사고 과정과 유사한 단계이다. 업무를 분해하고, 추진 과정을 세부적으로 결정하는 단계이다. 계획 단계에서는 행동에 필요한 수단을 고려하여 계획이 작성된다.

넷째, AI 에이전트에게는 실제로 어떤 업무나 역할 수행에 동반되는 '행동'이 필요하다. 행동 기능은 인간이 신체적인 활동으로 어떤 업무를 수행하는 역할과 유사하다. AI 에이전트는 대규모 언어 모델에 기반하여 외부 정보를 수집하고 분석한다. 그리고 필요한 정책을 수립하고, 법안을 제출하기도 한다. AI 정당의 정책을 언론이나 지지자에게 발표하고 호의적인 여론 조성을 위해 SNS에 다양한 형태로 정보를 발신하기도 한다. 정책 수립에 필요한 알고리즘, 코드를 생성한다.[25] 이러한 구체적인 행동을 통해서 AI 에이전트는 정치 과정에 참여한다.

그리고 AI 에이전트의 4가지 구성 요소는 상호작용 속에서 목적을 달성한다. 우선, 사회경제적 속성과 기억은 일상적인 체험 속에서 기억할 내용의 우선순위를 결정한다. 예를 들면, 직업이나 역할과 관련된 경험을 기억하게 만든다. 정치적으로 보수적인 유권자의 AI 에이전트는 보수적인 기사, 이벤트, 지식 등을 먼저 기억하도록 설정할 수 있다. 다음으로 기억과 계획 기능도 상호작용한다. 과거의 기억이 얼마만큼 효율적이었는지, 과거의 정책이 유권자의 지지를 어느 정도 얻었는지, 과거의 어떤 법안이 성립·실패했는지에 대한 기억은 AI 에이전트의 계획 수립에 중요한 기준이 된다. 이러한 행동과 사회경제적 속성 기능이 반복되면서 개인에 특화한 AI 에이전트가 만들어진다.

### (2) AI 정당은 어떻게 움직이는가?

AI 에이전트는 영화 〈아이언맨〉의 AI 어시스턴트 자비스(JARVIS)와 같은 존재이다. 아이언맨에게 슈트 상태를 설명해주고, 비행 조건도 알려준다. 전투 상황에서는 전술 분석과 공격 옵션을 제시해준다. 일상적으로는 일정 관리, 다양한 상황에 대한 정보 제공과 어드바이스를 제공해준다. 연구 보고서, 정책적 대안 작성도 가능하다.

AI 에이전트 시스템의 대표적인 사례가 'GPT Researcher(https://gptr.dev/)'이다. GPT Researcher는 연구 보고서에 특화된 AI 에이전트 시스템이다. 사용자가 필요로 하는 제목·목적·분량·형식을 지시하면 보고서 작성에 필요한 목차를 구성해준다. 목차 구성 과정에서 AI 에이전트와 커뮤니케이션을 통한 조정이 가능하다. 사용자가 요구하는 구성이나 내용을 반영한다. 물론 보고서의 구성·내용을 전적으로 위임하는 것도 가능하다.

AI 에이전트 시스템이 다양화하면서 고객 정보, 상대 회사의 전략 분석 등에 특화된 서비스가 등장하고 있다. 정당을 사례로 든다면, 소속 정당이 추구하는 정책, 전략, 여론 형성 등에 필요한 전략 수립, 실행, 공약 작성, 공약 제시, 선거 전략 수립 등이 가능하다. 동시에 상대 정당에 대한 정보 수집, 전략 분석, 공약 분석, 선거 전략, 대응 전략 분석, 수립도 가능하다.

이러한 AI 에이전트 기술과 서비스가 발전함에 따라서 AI 정당의 설립, 활동도 가능하게 되었다. 이미 우리는 다양한 형태의 AI 에이전트를 사용하고 있다. 넷플릭스(Netflix), 아마존(Amazon), 메타(Meta), 구글(Google), 네이버(Naver), 유튜브(You tube), 음악 사이트 등에서 사용자가 보고, 듣고, 검색하고, 관심을 가지는 내용에 대해서 예측해준다. 이러한 AI 에이전트가 정치, 정당의 영역으로 확장하는 형태이다.

증강 민주주의에서 AI 에이전트는 이를 제공하는 사이트에서 만들 수 있다. 그리고 AI 에이전트에게 일상적인 정보 제공은 물론 SNS, 검색 정보, 즐겨 보는 영화, 미디어, 독서 정보, 취미, 여행 등의 제공 또는 학습을 허락한다. 유권자는 특정 정책적 입장, 대안 작성을 요구할 수도 있다. 자신의 정치적 입장과 가장 근접한 정당, 정책적 일치점 등에 대한 정보를 요구할 수 있다.

챗GPT와 달리 AI 에이전트는 자신이 존재하는 상황이나 조건을 파악하면서 자신의 목표 달성을 위해 작동하는 시스템이라고 정의한다.[26] 예를 들면, 자율주행 자동차, 전력의 수요와 공급을 자동으로 조절하는 스마트 그리드 시스템, 집 안의 온도, 습도, 조명 등을 자율적으로 판단하는 스마트 홈 시스템, 집 안을 효율적으로 이동하면서 청소하는 자동 로봇 청소 시스템, 자동 주식 매매 시스템 등이다.

유권자는 AI 에이전트에 투표, 선호, 권리, 정책적 선호를 위탁·위임할 수 있다. 유권자는 AI 에이전트에게 다른 AI 에이전트와 합의도 위임할 수 있다. 다른 유권자에 설득이나 여론 형성을 위한 정보 발신 등도 위임한다. AI 에이전트는 유권자의 정책 결정, 선호, 참여 여부, 투표 정당 등 주권자인 인간의 최종 승인 절차를 거쳐서 정치적 집단 의사결정에 참가한다. 주권자로서 인간의 권리 존중, 승인 과정에서 최종적인 판단은 인간이 결정하는 방식이다. 이러한 형태는 기존의 민주주의 원칙을 유지하는 제도적 장치이다.

개인과 AI 에이전트의 위임 관계는 기존의 리퀴드 민주주의에서 논의하는 틀을 유지한다. 즉, 유권자 개인은 본인이 직접 참여하는 쟁점과 위임하는 쟁점으로 나눈다. 그러나 AI 에이전트의 역할과 대리인의 역할은 크게 다르지 않을 수 있다. 리퀴드 민주주의와 차이점은 직접 참여나 위임을 결정하는 데 필요한 정보, 대안 제공은 AI 에이전트가 담당한다는 점이다. 이러한 측면에서 AI 정치, AI 정당이 기능하는 사회에서 대부분의 정치 참여, 정당 참여가 직접 민주주의 형태로 진행될 수 있다.

최근 AI, 대규모 언어 모델, 챗GPT 기술, 트랜스포머 기술 등을 기반으로 한 증강 민주주의 관점에서 보면, AI 에이전트를 전제로 한 AI 정당의 운영은 자연스러운 발상일 수 있다. 증강 민주주의는 다수가 참여하는 민주적 의사결정 능력을 확장하는 방법으로 AI 에이전트를 활용한다. AI 에이전트는 개개인에 특화된 소프트웨어 에이전트, 디지털 트윈, 아바타 등도 포함한다.[27]

AI 정당은 개인, AI 에이전트가 동시에 참여하는 정당 조직이다. AI 정당은 AI 에이전트를 상대로 정당 활동 및 의견 수렴, 정치 참여 등을 진행한다. AI 정당은 생성 AI 형태로 제공되는 AI 에이전트 기술로 정책이나 공약을 작성한다. 이러한 공약을 지지자에게 설명하고, 토론하고, 협상하고, 법안도 작성한다.

실제로 사람과 그의 AI 에이전트가 동시에 근무하는 회사가 운영되고 있다. 일본 도쿄에서 디지털 기술로 퍼스널 AI를 개발하는 'ALT'라는 회사는 모든 직원이 AI 에이전트를 보유하고 있다. 회사의 대표부터 100명이 넘는 직원이 모두 자신의 디지털 분신인 AI 에이전트를 가지고 근무한다. 실제로 회사의 공식적인 회의에 직원 본인이 참석하지 않고 자신의 대리인인 AI 에이전트를 참여시킨다. 회사 대표도 자신과 외향적 모습도 똑같고 말투도 목소리도 거의 같은 AI 에이전트를 회의에 대신 참석시킨다. 외부 손님이 방문한 경우, 직접적인 의사결정과 관련되지 않은 단계에서는 대표의 AI 에이전트가 맞이한다. 직원들도 자신이 바쁘거나 AI 에이전트 참석이 효율적이라고 판단하면, 본인을 대신해서 AI 에이전트가 참석한다. 예를 들면, 직원이 바쁜 시기에 유럽 여행을 계획하는 경우, 직접 대면으로 대표에게 보고하기 불편하므로 자신의 AI 에이전트가 대신 보고하고 결재를 받는다. 그리고 이 회사는 직원과 직원 대리인인 AI 에이전트가 동시에 근무하고 있으므로 월급도 추가되어 받는다. 직원의 업무에 AI 에이전트가 추가로 일한 시간 및 성과가 합산되어 월급이 계산된다, 실제로 대표는 자신의 월급에 평균 18%를 더 받고 있다. 이러한 현실을 고려할 때, AI 에이전트에 기반한 정당 운영은 어렵지 않다.

AI 정당은 인간의 의사와 관계없이 정당을 우회하는 AI 민주주의, 민주주의 자동화와는 개념적으로 다르다. 기존의 대의제 민주주의 원칙을 유지하면서 AI 기술로 직접 민주주의 요소를 확장하는 방법으로 운영한다. 새로운 기술 활용으로 민주주의 영역을 확장한 것이다. AI 정당은 기본적인 조직 구조나 작동 원리에서 보면, 기존의 오프라인 정당과 크게 다르지 않다. 단지 중요한 차이점은 인간의 물리적인 참여 대신 인간으로부터 위임받은 AI 에이전트의 참여로 운영된다는 점이다. AI 에이전트는 최종 의사결정 단계에서 유권자의 승인을 거치게 된다.

## 3. AI 정당 운영에 필요한 현실적 과제

### (1) AI 정당이 활동하려면 무엇을 준비해야 하나

AI 정당의 등장은 기존에 존재하는 법률이나 제도, 정당 운영 및 선거 관리에 대해서도 새로운 변화를 요구한다. 디지털 기술 발전은 정치의 양상을 급격하게 변화시키고 있다. 2000년대 이후, 인터넷이 한국 선거에 미친 영향을 생각하면 쉽게 이해할 수 있다. 특히 2024년 미국 대통령 선거에서 생성 AI가 선거에 미치는 영향을 고려하면 어려운 설명이 필요하지 않다. 현실적으로 AI 정당이 가능하기 위해서는 기존의 정당법, 공직선거법, 정치자금법, 선거관리위원회의 역할, 정보통신망법, 형법 등 다양한 법·제도에 대한 개정이 필요하다. 이러한 제도 개정 내용에 대해서 살펴보기로 한다.

우선, 정당법에서 정의하는 정당의 구성(제3조)부터 달라져야 할 것이다. 정당의 구성은 중앙당과 특별시, 광역시·도에 각각 소재하는 시·도당과 더불어 온라인상에 존재할 수 있도록 허용해야 한다. 정당의 성립(제4조)에서 한국은 등록 요건을 명시하고 있는데, 관련 법 개정이 이루어져야 한다. 법정 시·도당 수(제17조) 및 법정 당원(제18조) 규정은 인터넷·디지털 기술이 존재하지 않았던 시기에 제정된 것으로 이에 대한 개정은 필수적이다. 현재 상황은 조선 시대 임진왜란에서 왜군을 상대로 맹활약한 이순신 장군이 우주 전쟁, AI 전쟁에서 살상용 로봇과 싸우는 모습으로 비유할 수 있다.

AI 정당의 일상화는 정당의 성립·활동을 규정하는 정당법 전반에 걸친 법 개정도 필요하다. 정당의 창당(제2장), 합당(제3장), 입당 및 탈당(제4장), 특히 제22조에서 당원이 될 수 없는 사람에 대한 규제는 폐지되어야 한다. AI 정당 활동에 개인의 AI 에이전트가 참여하는 경우, 유권자 본인과 AI 에이전트의 관계가 재설정되어야 한다. 이것은 AI 에이전트 정치 참여를 어느 범위까지 허용할 것인가라는 근본적인 논의와 결부되어 있기 때문이다.

정당의 운영과 관련하여 당원의 당비(제31조), 당원협의회 설치(제37조 3), 정책토론회(제39조) 형태, 정당의 소멸(제7장), 벌칙(제8장) 등에 대해서도 개정이 필요하다. 이러한 조항은 기본적으로 물리적·지리적 공간에서 존재하는 정치적 조직을 전제로 하고 있다. 정당의 창당·운영·활동의 주체를 암묵적으로 인간만으로 한정하고 있다. AI 정당은 AI 에이전트에게 가입이나 활동을 위임하는 형태로 운영한다. 정당에 관련된 의사결정은 위임 또는 직접 참여로 이루어진다.

그렇지만 일상적인 정당 활동은 대체로 AI 에이전트를 통해서 진행된다. AI 정당은 온라인 공간에서 구체적인 조직이나 형태를 가지고 활동한다. 그러므로 물리적·지리적 공간에 존재하지 않는 정당, 즉 AI 정당의 제도화가 필요하다. 그간 한국 정치에서 제한·배제의 논리로 제시한 정당 난립의 문제도 AI 정당에서는 문제가 되지 않는다. 정당 난립을 부정적으로 인식한 배경에는 거대 여당의 존재가 정치를 안정적으로 운영한다는 논리가 존재하였다. 그리고 유권자의 정치 정보의 수집·분석·처리에 필요한 역량의 한계를 명분으로 강조하였다. 그러나 AI 에이전트는 지구적 규모의 데이터를 학습하고 분석·처리한다. 이러한 디지털 기술에 기반한 AI 시대에서는 과거 논리는 화석으로 변한 명분에 불과하다. 정당의 창당, 운영 그리고 선거 참여 비용이 '한계 비용 제로'를 전제로 한 제도 운영이 필요하다.

공직선거법 규정도 변화가 필요하다. 우선, 선거인의 정의(제3조)에서 선거인은 "선거권이 있는 사람, 재외선거인명부에 올라 있는 사람"으로 규정하고 있다. AI 에이전트가 선거인의 위임을 통해서 대표 선출이나 의사결정에 참여할 수 있다. 선거 방송 심의(제8조2), 선거기사 심의(제8조3), 선거 보도에 대한 반론 청구(제8조4), 인터넷 선거 보도 심의(제8조5), 선거여론조사 심의(제8조8) 등 업무는 선거 관리기구의 AI 에이전트가 담당하는 것이 더 효율적일 수 있다.

공무원의 중립 의무(제9조)와 관련해서는 공무원의 정치적 중립성이 선거 결과에 미치는 영향을 고려한 조항이라고 볼 수 있지만, 시대적 상황이나 기술 변화를 고려할 때, 논쟁의 여지가 적지 않다. 디지털 공간에서 공무원 유권자의 AI 에이전트는 제한적인 활동만 하는 것은 일반적으로 수용하기 어려울 것이다. 공명선거 추진 활동과 관련해서도 AI 에이전트는 주요한 행위자가 될 수 있다. 공정선거지원단(제10조) 활동은 AI 에이전트가 더 효율적으로 담당할 수 있다.

AI 정당이 일상화된다면, 선거인(제15조), 피선거권(제16조) 규정은 근본적으로 재규정되어야 할 것이다. 현재 투표 연령을 18세 이상으로 규정하고 있지만, AI 에이전트에게 위임 또는 지원을 받는다면, 중학생부터도 참여할 수 있다. 선거권이 없는 자(제18조), 피선거권이 없는 자(제19조)도 위임을 통한 주권 행사가 가능할 것이다. 세계적으로 볼 때, 중증 장애인, 심신이 불편한 사람들도 국민의 대표 역할을 담당하고 있다.

일본에서도 2019년 참의원 선거에서 근위축성 측삭경화증(ALS) 환자, 뇌성마비 환자 등 중도질환 경험자가 국회에 등원했다. 더구나 최근 인간의 뇌 연구가 급진전하면서 뇌 질환 환자의 커뮤니케이션을 지원하는 기술들이 속속 등장하고 있다. 2024년 1월, 일론 머스크가 주도하는 뇌 임플란트 스타트업 뉴럴링크(Neural Link)가 인간의 뇌에 컴퓨터 칩을 심는 데 성공했다. 뉴럴링크는 2023년 5월, 미국 식품의약국(FDA)으로부터 인간 뇌에 대한 임상 시험을 승인받았다. 뇌에 이식하는 칩은 인간의 뇌와 컴퓨터를 연결하는 인터페이스 역할을 한다. 이 칩은 사람의 특정 생각이나 동작에서 발생하는 뇌파를 분석한다. 이러한 기술은 뇌 질환자의 생각을 컴퓨터로 전달한다. 기술의 발달은 뇌 질환자가 자신의 의사를 다른 사람들과 공유할 수 있도록 만들었다. 이렇듯 디지털 기술은 정치 영역에서 참여를 확장하는 효과를 가져올 것이다.

AI 에이전트에 의한 정치 참여는 선거 기간, 투표 방법과 관련해서도 근본적인 변화를 요구하고 있다. 재외선거, 거소·선상투표 등에서 투표 비용을 극단적으로 축소할 수 있을 것이다. 선거인 명부 작성, 열람, 이의 신청 등은 디지털 공간에서 AI 에이전트 간에 자동으로 진행된다. 후보자(제6장)도 기존의 사람뿐만 아니라 '위임받은 AI 에이전트'에게도 허용할 필요가 있다. 후보자의 추천 방법, 등록, 후보자의 기탁금 등도 선거비용이 감소할 가능성을 고려할 때, 폐지 또는 공영제로 전환해야 할 것이다.

선거운동(제7장)에서도 AI 에이전트 참여를 허용해야 한다. 후보자의 선거 벽보, 공약집 등도 디지털 형태가 주된 방법이 될 것이다. 후보자의 신문 광고, 방송 광고, 인터넷 광고, 공개 장소 연설, 후보자 토론회 등에서도 변화가 불가피하다. 불법 선거운동에 대한 단속도 기존의 인해 전술적인 방법이 아니라 디지털화·자동화가 필요하다. 선거비용(제8장) 분야는 가장 획기적으로 변화하게 될 것이다. 후보자 AI 에이전트, 정당 AI 에이전트, 유권자 AI 에이전트, 시민단체 AI 에이전트, 선거관리기구 AI 에이전트 간 선거운동 및 관리, 투표소 운영 비용이 축소될 것이다. 투표 방법도 에스토니아가 도입하고 있는 것과 같이 수정 투표도 허용할 수 있을 것이다. AI 에이전트가 위임의 형태로 투표에 참여한다면, 개표 과정은 단시간에 종료될 수 있다. 투표소 투표가 진행된다고 해도 비율은 축소될 수밖에 없다. 재외 선거는 제도로서 존재하지만, 국내 선거와 차별성을 가지기 어렵게 된다.

선거 관리기구가 담당하는 업무의 자동화, 디지털화(Digital Transformation, DX)가 필요하다. 선거 관리 업무의 자동화 및 DX는 선거 관리기구의 혁신을 요구한다. 기존의 종이 중심의 행정 업무 처리, 민원인·관계자의 방문을 전제로 창구 업무 처리 방식에 대한 대대적인 혁신이 필요하다. 선거 관리 행정의 혁신은 선거 관리기구의 조직적인 혁신으로 연계될 수밖에 없다.

### (2) AI 정당은 유권자의 정당 활동을 어떻게 바꿀 것인가

AI 정당의 일상화는 디지털 민주주의 실현을 의미한다. 그러므로 AI 정당의 일상화는 기존 민주주의가 가지는 정치적·제도적 미비점을 개선하는 효과가 있다. AI 정당이 일상화되면, 유권자는 AI에게 자신의 권한을 위임할 수 있다. 위임이나 대행은 어디까지나 유권자가 결정자 권한을 가진다. AI 정당은 유권자가 주권자로서 권한을 가지면서도 정치 이노베이션, 정치적 효율성 증대, 정책 결정의 정당성 확보 등 기존 대의제 민주주의가 가지는 한계를 해결할 수 있다. 그리고 AI 정당은 유권자의 정치 참여 질을 높이는 데도 기여한다. 즉 유권자가 정치에 참여하거나 선거에서 투표하기 위해서는 막대한 시간과 정보 처리 비용이 동반한다. 의사결정에 필요한 정보나 데이터도 한정적이다. 그러므로 AI가 정보 수집, 분석, 대안 작성을 대행해준다면, 유권자는 효율적인 정치 참여에 만족할 수 있을 것이다.

실제로 AI 정당의 효과는 정치적 소수자 보호이다. 일본 AI 정당은 디지털 기술 활용으로 삭감한 예산을 사회적 약자에게 우선 배정하는 정책을 내걸었다. 2023년 6월 총선에서 덴마크 AI 정당은 소수자 우선 정책을 제시하였다. AI 정당은 크라우드 펀드처럼 큰 비용을 들이지 않더라도 효율적으로 정당을 조직하고 지지자를 모을 수 있다. 누구나가 적은 비용으로 AI 정당을 만들 수 있으며, 사회적 약자를 위한 기회 확대가 가능하여 민주주의 발전에도 긍정적이다.

특히 한국처럼 인터넷 기술이 발전하고 경제적·사회적 활동이 온라인 공간에서 이루어지는 사회에서는 더욱 실현 가능성이 크다. 사회적 약자들이 자신의 의사를 정치에 반영할 수 있는 유용한 수단이 될 것이다. 더구나 인터넷 활용에 적극적인 청년 세대에게는 정치 참여의 효율적인 수단이 된다. 한국 정치는 '고비용 저효율' 때문에 비판받고 있다. 지방의원은 물론 국회의원에 당선되기 위해서는 고액의 선거비용이 필요하다. 그러나 AI 정당을 창당하고 운영하는 것은 적은 비용으로 가능하다. 오히려 IT 리터러시가 중요하다. 이러한 측면에서 청년 세대와 AI 정당은 매우 친화적이라고 볼 수 있다.

AI 에이전트는 유권자의 정당 활동을 지원하는 유용한 수단이 된다. AI 정당이 AI 에이전트를 활용하면, 인간보다 많은 정보를 수집하고 효율적으로 분석하여 객관적인 정책을 제공할 수 있다. AI는 인간과는 달리 이해관계를 가지지 않고 사회적 문제를 객관적으로 분석·정책화할 수 있다. 더구나 최근 기술 발달로 사회경제적 모습도 급속하게 변화하고 있다. 급변하는 사회적 변화에도 신속하게 대응할 수 있다. 복잡한 이해관계가 존재하는 쟁점에 대해서도 방대한 자료를 수집하여 이해 당사자가 수용할 수 있는 대안을 제시해줄 수 있다. 인공지능의 등장은 AI 정당이 필요로 하는 정책 작성에도 유용하게 활용될 수 있다. 단지 정당의 정책 작성뿐만 아니라 지지자를 모으고 확대하는 전략 개발에도 활용할 수 있다. 정당 활동에 필요한 정치자금 모금에도 유용한 수단이 될 수 있다.

AI 정당에서는 정당의 홍보나 당내 활동을 AI 에이전트가 대행한다. 정당의 지지자나 유권자는 정당 참여나 의사결정을 AI 에이전트에게 위임한다. 이러한 위임은 AI 에이전트가 유권자의 의사결정 과정을 지원해줌으로써 효율적으로 참여할 수 있다. AI 정당에서 AI 에이전트는 정치 참여를 지원하는 역할에 머물고 최종적인 의사결정은 유권자가 담당한다. 또는 유권자의 결정을 대행하는 역할도 수행한다. 현재 단계에서 민주주의 자동화, 대표 기능의 자동화는 상정하지 않는다. 그 이유는 인간이 AI에게 종속되는 정치는 인간의 존엄성을 부정하는 결과를 초래하기 때문이다.

반면, AI 에이전트에 기반한 AI 정당이 장점만 가지고 있지는 않다. AI 정당이 운영되는 과정에서 제기되는 리스크도 만만치 않다. 우선, 불안 요인 중 하나가 페이크 뉴스(Fake News), 딥 페이크(Deep Fake) 문제이다. 한국과 같이 여-야 간, 진보-보수 진영 간 대립이 극심한 사회에서는 더욱 우려되는 문제이다. AI 정당은 물론 각종 정치단체는 AI 에이전트를 만들고 온라인 공간에서 상대에게 비방과 흑색선전을 전개할 것이다. 결국, 온라인 공간의 정치적 지형은 현실 공간의 판박이가 될 수도 있다. 온라인 공간의 여론은 현실적인 정치 지형이 반영되는 결과가 될 수 있다. 페이크 뉴스, 딥 페이크에 대하여 팩트 체크가 이루어질 수 있다. 현재와 같이 온라인상에서 중상비방이나 불법·탈법적인 정치 행위는 규제가 이루어지고 있다. 그러나 기술의 진보와 입법적 규제나 행정적 대응의 시차를 고려할 때, 유권자의 AI 에이전트는 왜곡된 정보에 오염될 수 있다.

AI 에이전트는 인터넷에 존재하는 데이터를 수집·분석하여 학습한다. 누구나가 알고 있는 것과 같이 데이터는 바이어스를 가지고 있다. 소수자·가난한 자·젠더·인종적 편견을 가진 AI가 만들어질 수 있다. 바이어스는 민주주의 기본 가치인 인권에 위협적일 수도 있다.

그리고 AI가 학습하는 데이터의 바이어스 문제는 정치 윤리적인 측면에서 매우 중요하다. 공동체의 의사결정에 바이어스를 가진 AI가 관여한다면, 몇 가지 문제가 발생할 수 있다.[28] 첫째, 바이어스가 포함된 데이터를 가지고 이루어진 결정이나 정책이 객관적이라고 오해하는 문제가 발생한다. 둘째, 객관적이라면, 공정하다고 착각하는 문제이다. 이러한 문제에 대한 대안이 필요하다. 객관과 공정은 다른 가치이다.

AI가 가지는 바이어스 문제는 자연주의적 오류(naturalistic fallacy) 현상과도 결부되어 있다. 자연주의적 오류는 사실을 규범으로 오인하는 문제이다. 예를 들면, 남성 우위와 같은 지배 관계는 사회적인 현상임에도 불구하고 자연적인 것으로 인식한다는 것이다. AI 바이어스는 인위적인 현상이고 사회적인 구조에 의해서 만들어졌음에도 불구하고 자연적이며 당연한 것으로 인식한다. AI 바이어스는 사회적인 문제이며 정치 제도적인 개선을 통해서 수정해야 한다. 결국, AI 바이어스는 현실 세계에 대한 제도 개정과 학습 과정에서 증폭되는 요인에 대한 수정이 필요하다. 실제로 OpenAI는 챗GPT 개발 과정에서 발생하는 오류를 인위적으로 수정하는 과정을 거친다. 그럼에도 사회적인 제도 개정이나 인식의 변화가 필요하다.

### (3) AI 정당은 누구에게 유리할까

AI 정당 도입으로 인한 정치적인 유불리도 초미의 관심사이다. 정치적인 유리·불리를 예측할 때, OpenAI가 개발한 챗GPT 사례는 매우 시사하는 면이 많다. 챗GPT의 등장은 글로벌 검색 시장을 근본적으로 변화시키고 있다. 회사에서 업무 처리 방식이나 디자인, 프로그래밍 등에서 획기적인 변화가 일어나고 있다. 더구나 생성 AI 기술이 발전하면서 다양한 이노베이션을 만들고 있다. 챗GPT를 통한 창의성, 이노베이션 의지는 세상을 변화시키는 막강한 수단이 되고 있다.

일반적으로 보수 정당은 기존 가치관, 질서의 유지를 추구하고, 진보 진영은 변화의 가치, 새로운 질서를 추구한다. 인터넷 정치가 본격적으로 시작된 2000년대 이후, 한국 정치에서 초기에는 진보 진영이 인터넷은 물론 새로운 미디어 이용에 적극적이었다. 노무현 대통령이 세계 최초 인터넷 대통령으로 평가되는 걸 보면 이를 알 수 있다. 미국에서도 2008년 대통령 선거에서 오바마 대통령은 마이크로 타깃팅 선거운동으로 압승하였다. 그러나 2016년 대통령 선거에서 트럼프 후보자는 AI 기술을 활용하여 대통령에 당선되었다. AI 시대에 접어들어 이노베이션 의지보다는 막강한 자금력이 기술적 우위를 만드는 경향이 나타나고 있다.

OpenAI가 챗GPT를 개발하는 과정에서 마이크로소프트(Microsoft)의 막대한 투자가 성공 요인이었다는 점은 누구나 아는 사실이다. 트럼프의 당선에서도, 영국의 EU 이탈 과정에서도 데이터에 기반한 예측 모델이 유효하게 작용하였다. OpenAI가 개발한 챗GPT는 전 세계에 존재하는 막대한 데이터를 학습하였다. AI 개발·활용에는 막대한 비용이 들어간다. 현재 미국과 중국은 서로 적대적으로 AI 경쟁을 전개하고 있다. 이 두 나라가 AI 분야에서 압도적인 우위를 보이는 것도 인적 자원과 자금력 때문이다. 한국 사회에서 자금 동원 능력은 보수 진영이 우위라고 볼 수 있을 것이다. 자금뿐만 아니라 사회적·경제적·정치적 자원 동원에서 유리한 입장이지 않을까.

AI 기술과 관련하여 유리·불리가 발생할 가능성은 사회적 데이터에서도 유래한다. 한국 사회는 유교적인 전통으로 남성 중심의 사회적 가치나 질서를 중시한다. 그리고 초고령화 사회로 전환되면서 고령자의 인구 비율이 점점 증가하고 있다. 인터넷 기술이 발전하고 SNS에 기반한 소통이 일상화되었다. SNS 시대에는 누구나가 정보 발신이 가능하다. 최근 고령 세대의 정보 발신이 증가하고 있다. 이러한 상황은 보수적 정보의 증가로 나타날 수 있다. 권위주의 시대를 거치면서 형성된 정치 문화나 정부에 의한 언론 통제, 보수 언론의 우위 등도 사회가 보유한 데이터에 막대한 영향을 미친다. AI 정당이 활용하는 데이터는 한국 사회가 생산하는 데이터를 기반으로 한다. 결국, 자금과 학습 데이터 측면에서 보수 진영에게 유리한 상황일 수 있다.

그러나 AI 정당과 관련해서 얼리버드(early bird) 효과도 무시할 수 없다. 에버렛 로저스(Everett M. Rogers)가 1962년에 발간한 책 『Diffusion of Innovation』에서 주장한 것처럼 '이노베이터(Innovator)', '얼리어답터(early adopter)' 효과는 여전히 유효하다. 앞에서 설명한 이노베이션 의지, 창의력과도 일맥상통한다. 얼리어답터 효과와 연계하여 본다면, 한국 정치에서 청년 세대의 정치 참여와 관련해서 유용한 수단이 될 수 있다.

AI 정당 도입은 인터넷 투표 도입에서 볼 수 있는 바와 같이 누구에게 정치적으로 유리한가에 따라서 오랜 시간이 소요될 수 있다. 더구나 AI 기술에서 발생하는 바이어스 문제, AI 윤리 문제, 보안 문제, AI 에이전트의 실명 확인 문제 등 다양한 문제를 해결해야 한다. 그러나 AI 정당의 제도화가 가져오는 정치적 효율성, 대표성 강화, 참여 확대와 같은 이노베이션 효과는 민주주의 진보에 필수 불가결하다. 그러므로 우선, 각 정당에서 청년위원회 운영, 후보자 경선 과정에서 시범적으로 운영해볼 수 있다. 정당의 정책 결정 과정에서 특정한 쟁점에 대하여 정당과 지지자, 유권자가 참여·토론하는 방식으로 AI 에이전트를 활용하는 것이다. 민간단체 선거나 당 대표 선거부터 시범적으로 도입하고 안정성을 확보하는 것도 필요하다. AI 기술의 발전은 하루가 다르게 달라지고 있다. AI 기술 발전에 정치가 발목을 잡아서는 안 된다.

* * *

AI 도입이 민주주의에 미치는 영향은 다음과 같은 두 가지 관점에서 접근할 필요가 있다.[29] 첫째, 도구적 민주주의관, 둘째, 평등적 민주주의 이론이다. 프랑스 혁명 이후, 민주주의는 자치(Self governance), 집단적인 의사결정 과정, 그리고 개개인이 공동체의 정치적 결정에 관여한다는 원리 위에 성립하였다. 투표를 통한 정치적 결정이 대표적이다. AI와 민주주의 관계를 고려할 때, 정치적인 절차, 절차적 정통성은 매우 중요하다. 그러므로 AI 정당은 절차적 정통성 강화에 기여한다. 그리고 도구적 민주주의관에서 보면, AI 정당은 기본적인 인권, 언론·이동·결사의 자유 확장 등에도 긍정적으로 작용한다. 특히 정치적 양극화, 빈부 격차가 확대되는 상황에서 AI 정당은 정치적 소수자, 경제적 약자의 권리 확대에도 유효하다.

한편, 평등적 민주주의 이론에서 본다면, AI 정당은 모든 인간이 다른 사람과 관계를 평등하게 설정하는 데 도움이 된다. AI 정당이 의사결정 과정에서 평등한 참여를 촉진하기 때문이다. AI 정당은 청년, 여성, 고령자, 장애인 등 모든 구성원이 평등하게 참여할 수 있도록 AI 에이전트가 지원한다. 대의제 정치에서 관료주의적 의사결정을 극복하는 유용한 방안이 될 것이다.

기존 근대 민주주의 관점에서 AI로 인한 정치적 변화를 설명하기 어렵다. 그리고 AI 정당과 같은 새로운 정치 현실에 대한 논의는 한계를 가질 수밖에 없다. 기존의 민주주의는 AI가 존재하지 않는 시대에 만들어진 개념이다. 그러므로 AI를 전제로 한 민주주의 재정의, 새로운 디자인이 필요하다.

실제로, AI 정당 도입은 알고리즘의 초효율성과 합리성, 정치적 주체성에 대한 존중, 그리고 사회적·정치적 필요성에 대한 논리적 납득이 어떤 지점에서 균형을 이룰 것인가가 중요하다. 이러한 요소들의 균형점은 국가마다 다르게 나타난다. 또한, AI 에이전트가 수행하는 정책적 신뢰성 제고, 개별 유권자의 의사 반영에 필요한 사회적 합의, 알고리즘의 유효성 등도 중요하다. 그리고 AI 정당 운영에 필요한 제도나 규칙을 둘러싼 여야 정당 간 합의도 필요하다.

AI 정당에서 인간의 역할은 근본적으로 변화한다. 기존 대의제 민주주의에서 인간은 참여를 위한 정보 수집, 분석, 정당의 정책 평가 등 역할을 담당하였다. 그러나 AI 정당에서 인간은 AI 에이전트에 대한 평가 및 최종 결정자로서 역할, 권리 행사 주체로서 역할로 변화한다. 그리고 AI 에이전트가 정책 방안을 실행하는 경우, 발생하는 정치적 결과에 대해 책임지는 역할이다. 정치 과정에서 판단은 AI 에이전트에 위임하고, 결과에 대해 책임지는 역할이 중요하다. AI 기술은 AI 정당의 일상화를 만들고, 민주주의 진화에도 긍정적으로 작동할 것이다.

# 미주

## 제1부 현실의 한국 정당

### 제1장 국회 속의 정당

1 민주화 이후 국회에서 두 번의 사례가 있다. 제18대 국회에서 자유선진당(18석)과 창조한국당(2석)이 '선진과 창조의 모임'이라는 교섭단체를 구성한 바 있고, 제20대 국회에서 민주평화당(14석)과 정의당(6석)이 '평화와 정의의 의원모임'이라는 교섭단체를 구성한 적이 있다. 그러나 선진과 창조의 모임은 1년여 만에, 평화와 정의의 의원모임은 3개월여 만에 해체되었다.

2 당시 국회법 개정안 제2독회에서 이남규 의원은 "단체교섭회들이 사전에 자기 단체의 의사를 종합하고 절충할 수 있는 수준을 결정해 온다면 본회의에서 효ĐĐ인 의사결정이 가능하다"고 주장하였다. 국회 본회의 회의록 1948년 9월 11일.

3 전진영. 2022.「독일 중진협의회의 구성 및 운영과 우리 국회에 대한 시사점」.『NARS 현안분석』 259호.

4 2021년 총선에서 역대 최대 규모의 의원이 당선되면서 독일은 선거 제도 개혁에 착수하였고, 2023년에 연방 선거법을 개정하여 의원 정수를 630석으로 고정하였다. 이 경우 교섭단체 구성 요건은 32석이 된다.

5 衆議院事務局, 2017. p. 130.

6 프랑스 의회 홈페이지. https://www2.assemblee-nationale.fr/deputes/liste/groupe-politique

7 제20대 국회 임기 중인 2017년 1월에 유승민 의원 등 새누리당 비박계 의원들이 탈당하여 바른정당을 창당하면서 한시적으로 원내교섭단체가 4개가 된 적이 있다.

8 국회법에 따르면 임기 개시일(5월 30일)로부터 7일 이내(6월 5일)에 최초 임시회를 집회해서 국회의장과 부의장을 선출해야 하고, 그로부터 3일 이내(6월 7일)에 상임위원장을 선출해야 한다. 따라서 원 구성 법정 시한은 선거가 있는 해의 6월 7일이다.

9 2012년에 국회의장의 직권상정(심사 기간 지정) 요건이 엄격하게 제한되기 이전까지 국회의장이 법안을 직권상정한 법안을 분석한 결과(전진영, 2011)에 따르면, 직권상정은 대부분 단점 정부 상황에서 이루어졌고, 대통령이 주도한 입법 의제가 대부분이었다.

10 본회의 표결 행태 분석에 따르면 정당 투표는 전·현직 대통령의 업적이나 공과에 대한 평가 관련 법안, 대통령 주도 의제, 선거구 조정 등의 정치적 내용의 법안에서 두드러졌다. 지역개발 정책이나 지역 재정 관련 법안에서 지역구 변수가 유의미한 영향을 미쳤고, 노동 3

권 등 헌법적 기본권의 보장 및 소득재분배와 같은 거시경제 정책에서 이념 성향이 의원의 표결에 중요한 영향을 미친 것으로 나타났다(전진영, 2006).

11 영국의《이코노미스트》산하 EIU가 2023년에 발표한 보고서에 따르면 우리나라는 '완전 민주주의 국가(full democracy)'로 분류되며, 전 세계 167개 국가 중에서 민주주의 지수 순위는 22위를 차지하였다. EIU. 2023. "Democracy Index 2023: Age of conflict". p. 47.

12 제17대 국회와 제18대 국회에서 남북정상회담 관련 대북송금 특검법·노무현 대통령 측근 비리 특검법 · 이명박 후보 BBK 특검법·이명박 내곡동 사저 부지 매입 의혹 특검법이 대표적이며, 제21대 국회에서도 대통령 배우자 관련 의혹 조사를 위한 특검법이 의결되었는데, 윤석열 대통령이 거부권을 행사하였다.

### 제2장 국회 밖의 정당

1 Heidar. 2006.

2 제20대 대선 선거인 4,419만 7,692명 기준

3 중앙선거관리위원회. 2023.

4 https://commonslibrary.parliament.uk/research-briefings/sn05125/ (검색일: 2024년 2월 2일)

5 https://www.statista.com/statistics/955444/political-party-members-numbers-germany/ (검색일: 2024년 2월 2일)
https://www.bundeswahlleiterin.de/en/bundestagswahlen/2021/ergebnisse/bund-99.html (검색일: 2024년 2월 2일)

6 https://www.svd.se/a/vQP6kV/medlemstapp-i-partierna-bara-kd-och-sd-okar (검색일: 2024년 2월 2일)
https://www.scb.se/en/finding-statistics/statistics-by-subject-area/democracy/general-elections/general-elections-results/pong/statistical-news/preliminary-number-of-eligible-voters-2022/ (검색일: 2024년 2월 2일)

7 국민의힘 당헌 제2장(당원) 제5조(책임당원)

8 국민의힘 당원규정 제2조(당원) 제2항

9 더불어민주당 당헌 제2장(당원) 제5조(구분) 제1항

10 Pitkin. 1967.

11 국민의힘 당헌 제3장(당기구) 제1절(전당대회) 제12조(구성)

12 국민의힘 당헌 제3장(당기구) 제1절(전당대회) 제12조(구성) 제1항 중 국회의원이 추천하는 당원은 전당대회 규정 제2장(전당대회 대의원) 제2조(대의원 정수) 제1항에 따라 책임당원인 국회의원 보좌진 1인을 포함하여 각 국회의원이 추천하는 당원 3인이며, 그 외 다수가 당원협의회에서 추천하고 시·도당 운영위원회에서 의결한 당원으로 구성됨

13 국민의힘의 전체 당원 수는 2021년 407만 5명, 2022년 429만 8,593명을 기준으로, 더불

어민주당의 전체 당원 수는 2018년 357만 9,111명, 2020년 405만 3,466명, 2022년 484만 9,578명을 기준으로 함

14 정당법 제1장(총칙) 제3조(구성)

15 제22대 국회의원 선거의 경우, 2024년 2월 29일 국회에서 지역구 선거구를 254개로 확정함에 따라 향후 당원협의회/지역위원회 운영은 254개로 운영될 가능성이 크지만, 제21대 국회의원 선거 이후 253개의 지역구를 중심으로 운영되었기에 253개로 작성함

16 Key. 1964; 박지영·윤종빈. 2019.

17 이가림·조원빈. 2022; 이동윤 2020.

18 전진영. 2009.

19 오승용. 2005; 이정진. 2008.

20 정당법 제5장(정당의 운영) 제30조(정당의 유급 사무직원 수 제한)

21 이정진. 2023.

22 Meadowcroft. 2001; 김진주·윤종빈. 2021. 재인용

23 Meadowcroft. 2001.

24 김진주·윤종빈. 2021.

25 가상준·윤종빈. 2010.

26 국민의힘 당헌 제3장(당 기구) 제4절(당 대표 및 최고위원) 제25조(지위와 권한)

27 더불어민주당 당헌 제4장(집행기관) 제2절(당 대표와 최고위원회 등) 제29조(당 대표의 지위와 권한)

28 김용호. 2008.

29 국민의힘 당헌 제4장(원내 기구) 제17절(원내대표) 제61조(지위)

30 더불어민주당 당헌 제2절(중앙위원회) 제56조(권한)

31 국민의힘 당헌 제3장(당 기구) 제4절(당 대표 및 최고위원) 제26조(당 대표의 선출)

32 국민의힘 당 대표 및 최고위원 선출규정 제2장(선거권과 피선거권) 제8조의2(당 대표 및 최고위원 선거인단) 1항

33 더불어민주당 당헌 제4장(집행기관) 제2절(당 대표와 최고위원회 등) 제25조(당 대표와 최고위원의 선출과 임기)

34 The Democratic National Committee. 2022.

35 The Democratic National Committee. 2022.

36 The Republican National Convention. 2020.

37 The Conservatives Party. 2021.

38 The Conservatives Party. 2021.

39 The Labour Party. 2022

40 국민의힘 당헌 제3장(당 기구) 제4절(당 대표 및 최고위원) 제28조(임기)

41 더불어민주당 당헌 제4장(집행기관) 제2절(당 대표와 최고위원회 등) 제25조(당 대표와 최고위

원의 선출과 임기) 제2항

42 국민의힘은 최근 10년간 2012~2017년 '새누리당', 2017~2019년 '자유한국당', 2019~2020년 '미래통합당', 2020년 9월 '국민의힘'으로 네 차례 당명을 변경함

43 더불어민주당 당헌 제15장(당헌 개정 등) 제112조의 3(비상대책위원회) 제1항

44 정당법 제1장(총칙) 제2조(정의)

45 원문은 다음과 같음. "A party is a team of men [and women] seeking to control the governing apparatus by gaining office in a duly constituted election."

46 지병근. 2016.

47 전용주. 2005.

48 전용주. 2005.

49 박경미. 2008.

50 박경미. 2008.

51 윤종빈. 2012; 이동윤 2012.

52 윤종빈. 2012.

53 지병근. 2016.

54 지병근. 2016.

55 이동윤. 2020.

56 장승진. 2020.

57 국민의힘 당헌 제6장(공직후보자추천기구) 제75조(지역구 국회의원 후보자 공천관리위원회) 제2항 "공천관리위원회는 당 대표가 최고위원회의의 의결을 거쳐 임명하는 10인 이내의 위원으로 구성하며, 재적 3분의 2 이상은 당외인사로 한다. 다만, 최고위원은 지역구 공천관리위원을 겸할 수 없다."

58 국민의힘 지역구 국회의원 후보자 추천 규정

59 국민의힘 비례대표 국회의원 후보자 추천 규정 제2장(비례대표 국회의원 후보자 공천위원회)에 따라 공천신청 및 공고, 접수, 공천 배제 대상 심사 등을 전반적으로 관장하는 '비례대표 공천위원회'가 운영됨. 비례대표 공천위원회는 지역구 공천위원회와 같이 10명 이내로 구성되고, 비공개를 원칙으로 심의하며, 당 대표와 최고위원의 겸직은 불가함

60 더불어민주당 특별당규(제22대 국회의원 선거 후보자 선출 규정)

61 더불어민주당 당헌 제87조의 3(비례대표 국회의원 후보자 추천관리위원회)

62 더불어민주당 당규 제10호(공직선거 후보자 추천 및 선출직 공직자 평가위원회 규정) 제19조(설치 및 구성)

63 더불어민주당 당헌 제90조(비례대표 국회의원 선거 후보자 추천)

64 더불어민주당 당규 제10호(공직선거 후보자 추천 및 선출직 공직자 평가위원회 규정) 제4장(심사) 제36조(비례대표 후보자의 심사 기준), 제6장(비례대표) 제1절(비례대표 국회의원 선거 후보자 추천) 제51조(중앙위원회 순위 투표)

65 신현정. 2024.
66 오문영·김성은. 2024.
67 강재구. 2023; 신항섭 2024.
68 이우연·서영지. 2024.
69 고한솔·이우연. 2024.
70 더불어민주당 당규 제10호(공직선거 후보자 추천 및 선출직 공직자 평가위원회 규정) 제6장(비례대표) 제1절(비례대표 국회의원 선거 후보자 추천) 제49조(후보자 선정 및 확정) 제4항
71 이진화. 2020.
72 김연정. 2023.
73 정치자금법 제2장(당비) 제4조(당비)
74 정의당의 경우 월 1만 원의 당비를 받고, 월수입이 150만 원 이하인 당원은 월 5,000원 이상, 만 16세 이상 만 18세 이하 및 기초수급권자 당원은 월 1,000원 이상의 당비를 받음
75 정치자금법 제1장(총칙) 제3조(정의) 제4항; 제7항
76 정치자금법 제3장(후원회) 제11조(후원인의 기부한도 등) 제1항
77 정치자금법 제3장(후원회) 제11조(후원인의 기부한도 등) 제2항에 따라 대통령 후보자 등 대통령 선거 경선 후보자의 후원회에는 각각 최대 1,000만 원, 그 외 당 대표 경선 후보자·국회의원 후보자 등 및 지방자치단체장 후보자의 후원회에는 최대 500만 원까지 후원이 가능함
78 정치자금법 제1장(총칙) 제3조(정의) 제5항
79 정치자금법 제4장(기탁금) 제22조(기탁금의 기탁) 제2항
80 정치자금법 제4장(기탁금) 제23조(기탁금의 배분과 지급) 제1항에 근거하여 기탁금은 중앙선거관리위원회가 기탁금 모금에 직접 소요된 경비를 공제하고 지급 당시 정치자금법 제5장(국고보조금) 제27조(보조금의 배분)의 규정에 의한 국고보조금 배분율에 따라 정당에 배분·지급함
81 정치자금법 제5장(국고보조금)
82 중앙선거관리위원회. 2024.
83 행정안전부. https://www.mois.go.kr/frt/sub/a02/goversub/screen.do (검색일: 2024년 4월 16일)
84 중앙선거관리위원회. 2024.
85 선거법 등 정치 관계법 특별위원장. 1980.
86 임성학 외. 2016.
87 이현출·임채진. 2013.
88 Assemblée nationale. 2023.
89 Koß. 2008.
90 総務省. 2023.

91 중앙선거관리위원회 선거연수원. 2021.

92 「Political Parties, Elections and Referendums Act 2000」. Section 12.

93 「Loi n° 88-227 du 11 mars 1988 relative à la transparence financière de la vie politique」. Article 9.

94 제13대 국회 제156회 제19차

95 정치자금법 제5장(국고보조금) 제27조(보조금의 배분)

96 중앙선거관리위원회. 2024.

97 정치자금 사무관리 규칙 제5장(국고보조금) 제30조의 3(보조금의 지급)

98 이창훈. 2024.

99 문경근. 2024; 차지연 외. 2024.

100 임성학 외. 2016.

101 Federal Election Campaign Laws § 30102 (c),(d), § 30104 (a)

102 중앙선거관리위원회 선거연수원. 2021.

103 원 기관명은 "Comission Nationale des comptes de campagne et des financements politiques"임

104 Loi n° 88-227 du 11 mars 1988 relative à la transparence financière de la vie politique Article 11-7.

105 政党助成法 第十七条

106 정치자금법 제7장(정치자금의 회계 및 보고·공개) 제40조(회계보고), 제41조(회계보고의 자체감사 등)

107 정치자금법 제7장(정치자금의 회계 및 보고·공개) 제42조(회계보고서 등의 열람 및 사본 교부)

108 조찬래 외. 2012.

## 제2부 미래 정당의 주제

### 제1장 정당 속의 소수자

1 소수자는 다양한 방식으로 정의된다.『Encyclopedia Britannica』는 "인종, 종교, 언어 또는 국적에 있어 다른 집단으로부터 분리되고 구분된다고 자타가 인식하는 사람의 집단"으로 소수자를 정의했다. 한편, 미국 연방대법원(United States v. Carolene Products Co., 304 U.S. 144 [1938], footnote 4 참조)은 다수로부터 "분리되고 고립된(discrete and insular)" 집단이라고 소수자를 규정지었다. 알코프와 모한티(Alcoff and Mohanty. 2006)는 소수자를 ① 비헤게모니(nonhegemonic), 비지배적(nondominant) 위치 또는 정체성을 지닌 집단, ② 지속적인 경쟁 또는 투쟁에서 궁지에 몰린 사람들 혹은 지위·권력·존중의 평등을 누릴 기회를 박탈당한 자들, ③ 주류의 규율과 규범으로부터 배제당한 자들로 정의하였다. 드워킨과 드워킨(Dworkin, A. G. and Dworkin, R. J. 1999)은 권력의 열세, 차별적 대우, 소수자 집단 성원으로

서의 집단의식이라는 네 가지 기준으로 소수자를 구분하였다. 한편, 소수자란 수를 기반으로 하되, 수에 의해서만 규정될 수 없고, 소수자이면서 권력 없는 약자라면 소수자의 본 개념에 더 다가간다는 주장도 있다(한인섭. 2000). 또한, 곽차섭·임병철(2009)에서 소수자를 자신이 지닌 어떠한 특징으로 사회의 주류 집단으로부터 차별받는 비주류 집단이나 그 구성원으로 정의하고 있다. 이러한 정의들에 기반을 두어, 이 글에서는 소수자란 다수자에 대한 관계에서 볼 때 사회의 중심 세력 밖에 위치한, 권력적으로 열세에 처한 집단으로 본다. 또한, 집단의 양적인 숫자는 소수자의 개념을 결정하는 데 중요한 요인이 아니다. 예를 들어 여성의 경우 여성의 인구가 남성과 대등하거나 오히려 숫자상 더 많다고 하더라도 권력적 열세에 처해 있다면 소수자로 간주된다.

2 안경환. 1990.「소수자 보호를 위한 법리」.《법과 사회》 제2권, pp. 114-115.

3 https://www.dw.com/en/swedens-feminist-party-nudges-mainstream-to-embrace-women/a-47523696

4 https://en.wikipedia.org/wiki/List_of_LGBT_political_parties

5 이상민 의원 대표 발의(의안번호 제2117721호) 정당법 일부 개정 법률안 검토 보고서

6 박경미. 2010.

7 곽진영 외. 2009.

8 국회운영제도개선 자문위원회. 2008.

9 김형철. 2010; 임동욱·함성득. 2005; 정극원. 2008.

10 https://www.facebook.com/cheongchi.youthfund/

11 지주형 외. 2018.

12 https://www.wadiz.kr/web/wcast/detail/622

13 지주형 외. 2018.

14 https://platformc.kr/2023/05/japan-feminism-fiftys-project/

15 https://www.ucanews.com/news/japanese-project-trains-women-for-politics/100663

16 한편, 소수자 후보의 정치권 진입을 돕는 재정적 지원의 방법으로 정당이 대출을 해주는 사례도 있다. 일본 입헌민주당은 신인 출마 여성 혹은 45세 이하의 후보자에게 100만 엔을 대출해주었으며, 성별과 관련 없이 부양 중인 후보자나 가족 구성원 돌봄을 맡고 있는 후보자에게 가족 돌봄 부담을 최대한 덜어내고 활동에 집중할 수 있도록 지원금 5만 엔을 지급하는 정책을 실시하였다.

17 Dahnke, I. et al. 2014.

18 https://www.peoplepowerparty.kr/pmember/join_guide

19 https://membership.theminjoo.kr/

20 Pitkin, Hanna Fenichel. 1972.

21 신기영·황아란. 2017.

22 캐나다 자유당 홈페이지(https://liberal.ca) 참고
23 영국 노동당 홈페이지(https://labour.org.uk) 참고
24 Krook, Mona Lena, and Mary K. Nugent. 2016.
25 이진옥. 2015.
26 https://www.asiae.co.kr/article/2023071809335509026
27 https://alternativet.dk/personer/ordforer
28 https://docs.google.com/document/d/16XkqJheNRzECfVA0EO1evoCVDE6uAHX-/edit
29 https://www.peoplepowerparty.kr/news/comment_view/BBSDD0001/93846
30 정의당 홈페이지(www.justice21.org) 참고
31 https://www.dpp.org.tw/en/
32 http://nakeddenmark.com/archives/12108
33 캐나다 자유당 홈페이지(https://liberal.ca) 참고
34 일본 입헌민주당 홈페이지(https://cdp-japan.jp) 참고
35 영국 여성평등당 홈페이지(www.womensequality.org.uk) 참고

### 제2장 세계 속의 정당

1 「아시아정당국제회의 기업협의회 창립」. 《연합뉴스》. 2023년 5월 2일. https://www.yna.co.kr/view/AKR20230502036900051
2 국제민주연합의 활동에 대한 내용은 홈페이지 참조. https://www.idu.org/
3 진보동맹의 연혁 및 활동에 대한 내용은 홈페이지 참조. https://progressive-alliance.info/
4 독일 콘라트아데나워재단에 대한 정보는 홈페이지 참조. https://www.kas.de/ko/
5 독일 프리드리히 에버트재단에 대한 정보는 홈페이지 참조. https://www.fes.de/
6 미국 국제공화연구소 연혁과 활동에 대한 정보는 홈페이지 참조. https://www.iri.org/
7 미국 국제민주연구소 연혁과 활동에 대한 정보는 홈페이지 참조. https://www.ndi.org/
8 「국제민주연합 6차 당수 회의 개막」. 《매일경제》. 1995년 9월 1일. https://www.mk.co.kr/news/all/1560773
9 「국제민주연합(IDU) 당수회의 환영 만찬」. 《연합뉴스》. 2014년 11월 20일. https://www.yna.co.kr/view/PYH20141120124200013
10 국민의힘 홈페이지 참조. https://www.peoplepowerparty.kr/about/preamble#none
11 박성준·김은아·박현석·김다솜. 2023..

### 제3장 AI 시대의 정당

1 고선규. 2019.
2 Alois Paulin. 2014.

3 César Hidalgo. 2018.

4 Intergovernmental Panel on Climate Change, Chicago Actuarial Association, Global Challenges Foundation, Institute for Ethics and Emerging Technologies. 2020.

5 Satoshi, Nakamoto. 2009.

6 Guilermo O`Donnell. 1994.

7 César Hidalgo. 2018.

8 Open AI. 2024.

9 Jung Sung Park, Joseph C. O`Brien, Carrie J. Cai, Meredith Ringel Morris, Percy Liang, Michael S. Bernstein. 2023.

10 고선규. 2023.

11 고선규. 2023.

12 고선규. 2019.

13 Hadfi, R., Haqbeen, J., Sahab, S., and Ito, T. 2021.

14 Hadfi, R. and Ito, T. 2022.

15 Noah Shinn, Federico Cassano, Edward Berman, Ashwin Gopinath, Karthil Narashimhan, Shunyu Yao. 2023.

16 Haqbeen, J., Sahab, S., Ito, T., and Rizzi, P. 2021.

17 Alois Paulin. 2014.

18 Ito, T., Shibata, D., Suzuki, S., Yamaguchi, N., Nishida, T., Hiraishi, K., and Yoshino, K. 2022.

19 César Hidalgo. 2018.

20 Ito, T., Shibata, D., Suzuki, S., Yamaguchi, N., Nishida, T., Hiraishi, K., and Yoshino, K. 2022.

21 西見公宏. 2023.

22 西見公宏. 2023.

23 Ito, T., Suzuki, S., Yamaguchi, N., Nishida, T., Hiraishi, K., and Yoshino, K. 2020.

24 Jung Sung Park, Joseph C. O`Brien, Carrie J. Cai, Meredith Ringel Morris, Percy Liang, Michael S. Bernstein. 2023.

25 西見公宏. 2023.

26 西見公宏. 2023.

27 Sahab, S., Haqbeen, J., and Ito, T. 2020.

28 東京大学未来ビジョン研究センター. 2021.

29 Ito, T., Suzuki, S., Yamaguchi, N., Nishida, T., Hiraishi, K., and Yoshino, K. 2020.

# 참고문헌

가상준·윤종빈. 2010.「미국의 지방선거 정당공천제도」. 국회입법조사처 정책연구용역보고서.

강재구. 2023.「민주당, 총선 인재 영입에 '국민추천제' 도입」.《한겨레》. https://www.hani.co.kr/arti/politics/politics_general/1116158.html

고선규. 2019.『인공지능과 어떻게 공존할 것인가』. 서울: 타커스.

____. 2023.「인공지능(AI)은 통치수단일 수 있는가: 인간의 자율성, 기계의 자율성」. 이동수 편.『근대적 통치성을 넘어서: 정책적 측면』. 서울: 인간사랑.

고한솔·이우연. 2024.「민주당 '비명횡사' 현실로…178개 지역구 공천 보니」.《한겨레》. https://www.hani.co.kr/arti/politics/politics_general/1130718.html

곽진영·김준석·박경미. 2009.『입법과정에서의 소수당 배려: 의사결정과정의 대표성 확보 방안』. 국회입법조사처 정책연구용역보고서.

곽차섭·임병철 외. 2009.『역사 속의 소수자들』. 서울: 푸른역사.

구승은. 2024.「국민의힘, 경선 투표 집계과정 공개‥한동훈 "진짜 시스템 공천"」. MBC. https://imnews.imbc.com/news/2024/politics/article/6574167_36431.html

국민의힘. 2023.「당규」.

____. 2023.「당헌」.

국회운영제도개선 자문위원회. 2008.「국회운영제도개선 자문위원회 활동결과 보고서」. 국회사무처.

김연정. 2023.「與, '공석' 최고위원에 TK 재선 김석기 선출」.《연합뉴스》. https://www.yna.co.kr/view/AKR20231123150200001

김용호. 2008.「최근 한국 정당의 개혁조치에 대한 평가」.《한국정당학회보》 7(1). pp. 195-210.

김진주·윤종빈. 2021.「미국 유권자의 커뮤니티 정치 참여의 특성에 관한 연구」.《사회과학연구》 60(1). pp. 179-212.

김형철. 2010.「한국 원내교섭단체의 변천과 제도화를 위한 모색」.0『글로벌정치연구』 3(1). pp. 7-35.

더불어민주당. 2023.「강령·당헌·당규」.

문경근. 2024.「정당보조금 6억 보조금 '먹튀' 논란…개혁신당 "법 바꿔 반납할 것"」.《서울신문》. https://www.seoul.co.kr/news/2024/02/21/20240221500092

박경미. 2008.「18대 총선의 공천과 정당 조직: 한나라당과 통합민주당을 중심으로」.《한국정당학회보》 7(2). pp. 41-63.

____. 2010.「교섭단체제 운영의 정치적 결과: 주요 정당의 합의와 배제의 구조」.《OUGHTOPIA》

25(1). pp. 191-213.
____·손병권·임성학·전진영. 2012.『한국의 민주주의: 공고화를 넘어 심화로』. 서울: 도서출판 오름.
박상훈·정순영·김승미. 2023.「만들어진 당원: 우리는 어떻게 1천만 당원을 가진 나라가 되었나」.《국가미래전략 Insight》67.
박성준·김은아·박현석·김다솜. 2023.「경제안보와 의회외교」.《국회미래연구원 연구보고서》 23-08호.
박지영·윤종빈. 2019.「정보화 시대 대의민주주의 위기 극복을 위한 한국형 정당모델의 모색」. 《미래정치연구》9(1). pp. 119-142.
선거법 등 정치관계법 특별위원장. 1980.「정치자금에 관한 법률 개정 법률안(선거법 등 정치관계법 특별위원장」. CC0094. (1980. 12. 15.)
신기영·황아란. 2017.「'성균형의회'에 대한 제20대 국회의원의 인식 분석」.《한국과 국제정치》 33(4). pp. 27-57.
신항섭. 2024.「국민의힘 공관위, 오늘부터 국민추천제 지역·방식 등 논의」.《뉴시스》. https://www.newsis.com/view/?id=NISX20240303_0002646256&cID=10320&pID=12000
신현정. 2024.「여, 현역 의원 7명 컷오프·18명 감점…중진에 최대 35% 페널티」. https://www.yonhapnewstv.co.kr/news/MYH20240116024800641
안경환. 1990.「소수자 보호를 위한 법리」.《법과 사회》2. pp. 114-130.
오문영·김성은. 2024.「민주당, 홍익표·고민정·송기헌·김두관·최인호 등 단수공천」. https://news.mt.co.kr/mtview.php?no=2024021509121299692
오승용. 2005.「정치관계법 개혁의 성격과 내용: 2004 년 개정 정치관계법을 중심으로」.《21세기 정치학회보》15(1). pp. 155-179.
윤종빈. 2012.「19대 총선 후보 공천의 과정과 결과, 그리고 쟁점: 새누리당과 민주통합당을 중심으로」.《한국정당학회보》11(2). pp. 5-37.
이가림·조원빈. 2022.「한국 정당의 후보공천과 본선 경쟁력: 제21대 국회의원 선거를 중심으로」.《한국동북아논총》27(1). pp. 139-160.
이동윤. 2012.「한국 정당의 후보공천과 대표성: 제19대 국회의원 선거를 중심으로」.《정치정보연구》15(1). pp. 93-126.
____. 2020.「한국의 정당공천제도: 정당의 국회의원 후보는 누가 결정하는가?」.《정치정보연구》23(2). pp. 265-290.
이우연·서영지. 2024.「'친윤·친명 불패'…여야 지역구 공천, 혁신은 어디에?」.《한겨레》 https://www.hani.co.kr/arti/politics/politics_general/1130715.html
이정진. 2008.「지구당 폐지이후 지역에서의 정당활동」.《국회입법조사처보》1(1). pp. 62-67.
____. 2023.「당원협의회 운영실태와 개선과제」.《NARS 현장실태조사》9.
이진옥. 2015.「'정치의 여성화'와 젠더 정치의 동학: 영국 노동당과 보수당을 중심으로」.《여성학연구》 25권 3호. pp. 7-43.
이진화. 2020.「민주당, '중소.자영업 분야' 비례대표 추천 선정 객관성 선정」.《서울일보》. https://www.seoulilbo.com/news/articleView.html?idxno=408034
이현출·임채진. 2013.「주요국의 정치자금 투명성 관리제도」.《현안보고서》. 국회입법조사처.
임동욱·함성득. 2005.「원내교섭단체 요건 및 지위의 변화 필요성과 실천전략: 의석수와 정당득표율을 중심으로」.《사회과학연구》 13(1). pp. 292-323.
임성학·전용주·엄기홍. 2016.「정치자금의 원활한 조달과 투명성 강화방안에 관한 연구」. 중앙선거관리위원회 정책연구용역보고서.
장승진. 2020.「유권자들은 총선에서 누구를 언제 심판하는가?: 제21대 총선에서 나타난 조건부 회고적 투표」.《한국정치학회보》 54(4). pp. 83-105.
전용주. 2005.「후보공천 과정의 민주화와 그 정치적 결과에 관한 연구: 제17대 국회의원 선거를 중심으로」.《한국정치학회보》 39(2). pp. 217-236.
전진영. 2006.「국회의원의 갈등적 투표행태 분석」.《한국정치학회보》 420(1). pp. 47-70.
____. 2009.「지구당 폐지의 문제점과 부활을 둘러싼 쟁점 검토」.《현대정치연구》 2(2). pp. 173-196.
____. 2011.「국회의장 직권상정 제도의 운영현황과 정치적 함의」.《한국정치연구》 20(2). pp. 53-78.
____. 2022.「독일 중진협의회의 구성 및 운영과 우리 국회에 대한 시사점」.《NARS 현안분석》 259.
정극원. 2008.「대의민주제와 교섭단체 구성 의석수」.《토지공법연구》 41. pp. 435-452.
정연미. 2020.「허경영 국가혁명당, 여성추천보조금 8억4천여만원 전액 분배 '주목'」.《축제뉴스》 http://m.chookjenews.kr/news/articleView.html?idxno=46718
제13대 국회 제156회 제19차. 1991. 12. 17.「국회본회의회의록」. 7.
조찬래·장선화·이한규·임종헌. 2012.「외국 정당의 정치교육과 제도화에 관한 연구」. 중앙선거관리위원회 선거연구원 연구보고서.
중앙선거관리위원회. 2024.「연도별 국고보조금 지급내역(2001년~2023년)」. https://www.nec.go.kr/site/nec/ex/bbs/View.do?cbIdx=1129&bcIdx=196104
중앙선거관리위원회 선거연수원. 2021.「각국의 정당·정치자금제도 비교연구」.
중앙선거관리위원회. 2023.「2022년도 정당의 활동개황」.
지병근. 2016.「한국 주요정당들의 공천제도와 계파 갈등: 2016 년 국회의원 선거 사례분석」.《동서연구》 28(4). pp. 59-86.
지주형·조희정·김순영. 2018.「디지털 소액다수 정치후원금 활성화 방안 연구」.《인문논총》 47. pp. 97-123.
한국인권재단. 2000.『일상의 억압과 소수자의 인권』. 서울: 사람생각

Alcoff, L. M. and Mohanty, S. P. 2006. "Reconsidered Identity Politics: An Introduction". *Identity politics reconsidered*. New York: Palgrave Macmillan US. pp. 1-9.

Alois Paulin. 2014. "Through Liquid Democracy to Sustainable Non-Bureautratic Government". *Journal of E-Democracy & Open Government* 6(2). pp. 216-230.

Assemblée nationale. 2003. "Fiche n°4 Le financement de la vie politique: partis et campagnes électorales". https://www.assemblee-nationale.fr/dyn/synthese/deputes-groupes-parlementaires/le-financement-de-la-vie-politique-partis-et-campagnes-electorales

César Hidalgo. 2018. "Augmented Democracy: Exploring the Design Space of Collective Decisions". TED. https://www.peopledemocracy.com

Dahnke, I. et al. 2014. *Diversity in Political Parties Programmes, Organisation and Representation. DIVPOL.* Hamburgo: CJD Hamburg e Eutin.

Dworkin, A. G. and Dworkin, R. J. 1999. *The Minority Report: An Introduction to Racial, Ethic, and Gender Relations.* Harcourt B race College Publishers.

Guilermo O'Donnell. 1994. "Delegative Democracy". *Journal of Democracy* 5(1) Jan. pp. 55-69.

Hadfi, R. and Ito, T. 2022. "Augmented Democratic Deliberation: Can Conversational AI Agents Boost Deliberation in Social Media?". Proceeding of the International Conference on Autonomous AI Agents and Multi-AI Agents Systems. pp. 1794-1798.

____. Haqbeen, J., Sahab, S., and Ito, T. 2021. "Argumentative Conversational AI Agents for Online Discussions". *Journal of Systems Science and Systems Engineering* 30(4). pp. 450-464.

Haqbeen, J., Sahab, S., Ito, T., and Rizzi, P. 2021. "Using Decision Support System to Enable Crowd Identify Neighborhood Issues and Its Solutions for Policy Makers: An Online Experiment at Kabul Municipal Level". *Sustainability* 13(10). pp. 434-442.

Heidar, Knut, 2006. "Party Membership and Participation" in Richard S. Katz and William Crotty eds.. *Handbook of Party Politics.* London: Sage Publication. pp. 301-315.

Intergovernmental Panel on Climate Change, Chicago Actuarial Association, Global Challenges Foundation, Institute for Ethics and Emerging Technologies. 2020. "Don't worry, the earth this doomed Report". *MIT Technology Review.* 2020. 10. 21. https://www.technologyreview.com/2020/10/21/1009503/dont-worry-the-earth-is-doomed-catastrophic-risks

Ito, T., Shibata, D., Suzuki, S., Yamaguchi, N., Nishida, T., Hiraishi, K., and Yoshino, K. 2022. AI Agents that Facilitates Crowd Discussion. *Group Decision and Negotiation* 31. pp. 621-647.

____. T., Suzuki, S., Yamaguchi, N., Nishida, T., Hiraishi, K., and Yoshino, K. 2020. D-agree: Crowd Discussion Support System based on Automated Facilitation AI Agents, Proceeding of The Thirty-Fourth AAAI Conference on Artificial Intelligence. 13614 – 13615.

Jung Sung Park, Joseph C. O'Brien, Carrie J. Cai, Meredith Ringel Morris, Percy Liang, Michael S. Bernstein. 2023. "Generative AI Agents: Interactive Simulacra of Human Behavior". https://arxiv.org/abs/2304.03442

Key, V. O. Jr. 1964. *Politics, Parties & Pressure Groups*. New York: Thomas Y. Crowell.

Koß, Michael. 2008. *Staatliche Parteienfinanzierung und politischer Wettbewerb.* Wiesbaden: VS Verlag für Sozialwissenschaften.

Krook, Mona Lena, and Mary K. Nugent. 2016. "Intersectional institutions: Representing women and ethnic minorities in the British Labour Party". *Party Politics* 22(5). pp. 620-630.

Lei Wang, Chen Ma, Xueyang Feng. 2023. "A Survey on Large Language Model based Autonomous AI Agents". https://arxiv.org/abs/2023.11432

Meadowcroft, J. 2001. "Community Politics, Representation and the Limits of Deliberative Democracy". *Local government studies* 27(3). pp. 25-42.

Noah Shinn, Federico Cassano, Edward Berman, Ashwin Gopinath, Karthil Narashimhan, Shunyu Yao. 2023. "Reflexion: language AI Agents with Verval Reinforcement Learing". https://arxiv.org/abs/2303.11366

OpenAI. 2024. "Introducing GPTs". https://openai.com/blog/introducinggpts

Pantoja, Adrian D., and Segura, Gary M.. 2003. "Does Ethnicity Matter? Descriptive Representation in Legislatures and Political Alienation among Latinos". *Social Science Quarterly* 84(2). pp. 441-460.

Phillips, Anne. 1995. *The Politics of Presence.* Oxford: Clarendon Press.

Pitkin, H. F. 1967. *The Concept of Representation.* Berkeley: University of California Press.

____. 1972. *The Concept of Representation*. Berkeley: California University Press.

Sahab, S., Haqbeen, J., and Ito, T. 2020. "The Effect of Competitors on Crowd Engagement in Incentivized Municipal Idea Contest Project". *Collective Intelligence* 27. pp. 1-4.

Satoshi, Nakamoto. 2009. "Bitcoin: peer to peer Electronic Cash System". https://bitcoin.

org/bitcoin.pdf.
Schattschneider, Elmer Eric. 1942. *Party Government*. New York: Holt, Rinehart and Winston.
Sheldon, S. Wolin, 2017. *Democracy Incorporated: Managed Democracy and the Specter of Inverted Totalitarianism*. Princeton: Princeton University Press.
The Conservatives Party. 2021. *Constitution of the Conservative Party.*
The Democratic National Committee. 2022. *The Charter & The Bylaws of The Democratic Party of The United States.*
The Labour Party. 2022. *Rule Book 2022.*
The Republican National Convention. 2020. *The Rules of the Republican Party.*
Washington, Ella F. (저). 이상원 (역). 2023. 『다정한 조직이 살아남는다』. 고양: 갈매나무.
Young, Iris Marion. 1990. *Justice and the Politics of Difference.* Princeton University Press.
Zetterberg, Pär. 2008. "The Downside of Gender Quotas? Institutional Constraints on Women in Mexican State Legislatures". *Parliamentary Affairs.* 61(3). pp. 442-460.
総務省. 2023. "政治資金". https://www.soumu.go.jp/senkyo/seiji_s/naruhodo02.html
東京大学未来ビジョン研究センター. 2021. 「国際シンポジウム：AIと民主主義」 發表資料集.
西見公宏. 2023. 『ChatGPTの次に来る自立型AI革命』. 東京: 技術評論社.

KI신서 13003

**정당 없는 민주주의는 없다**

**한국 정치, 현실을 넘어 미래로**

**1판 1쇄 인쇄** 2024년 8월 13일
**1판 1쇄 발행** 2024년 8월 28일

**지은이** 곽진영, 전진영, 김진주, 정회옥, 조원빈, 고선규
**펴낸이** 김영곤
**펴낸곳** (주)북이십일 21세기북스

**인문기획팀 팀장** 양으녕 **책임편집** 노재은 **마케팅** 김주현
**디자인** 푸른나무디자인
**출판마케팅영업본부장** 한충희
**마케팅2팀** 나은경 한경화
**출판영업팀** 최명열 김도연 김다운 권채영
**제작팀** 이영민 권경민

**출판등록** 2000년 5월 6일 제406-2003-061호
**주소** (10881) 경기도 파주시 회동길 201(문발동)
**대표전화** 031-955-2100 **팩스** 031-955-2151 **이메일** book21@book21.co.kr



ISBN 979-11-7117-781-3 (03340)